# 怎麼就到了突尼西亞

## ——發現10337公里外的奇幻國度

徐峰堯　著

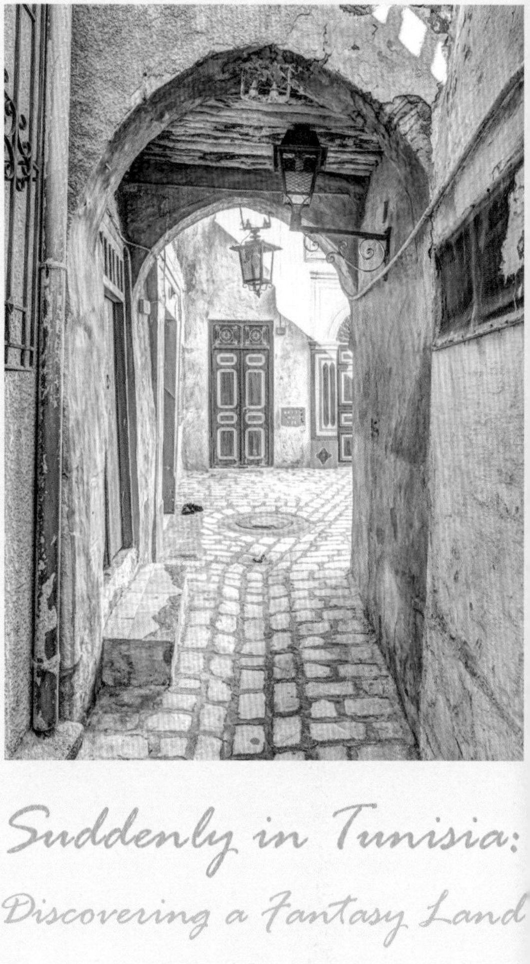

*Suddenly in Tunisia:*
*Discovering a Fantasy Land*
*10,337 Kilometers Away*

三民書局

# 推薦序

## 走訪突尼西亞的最佳選擇

讀徐峰堯的新書《怎麼就到了突尼西亞——發現 10337 公里外的奇幻國度》時，記憶中我們倆獨自到阿爾及利亞的沙漠裡去看史前壁畫的記憶歷歷在目。峰堯在政治大學念宗教研究所時，即已展現出對伊斯蘭文明、基督教文化、古代羅馬、中東及北非地區歷史文化的熱情及學習動機。十數年來，他從此區域的認識從興趣開始，到今天已是信手捻來、滔滔不絕地講述此地區的風土民情、歷史文化、現代政治經濟。峰堯對中東及北非的興趣，啟蒙自他在唸碩士班時，政大教授對各個宗教史的授業；而後他對中東及北非地區的好奇與日俱增，不再局限於宗教議題，時常跨足關注此區域的各項研究。碩士班畢業後，他順從自己的心性，投入了旅遊產業。幸運的是，他可以專注於他所熱愛的中東及北非國家中，並且樂此不疲。

更重要的是，峰堯一直保有對事物的好奇心及求知慾。這十數年來，總是可以在政大圖書館見到他，透過文獻書籍來充實他的專業知識。二〇一〇年開始，他多次帶團前往突尼西亞旅遊，但在這之前他早已經博覽了相關的古代文明史、腓尼基史、迦太基史、古代羅馬在北非史及考古文獻。

《怎麼就到了突尼西亞——發現 10337 公里外的奇幻國度》是峰堯在帶團四十幾次後的結晶。他跳脫學術上陳述歷史的窠臼，也避免了一般傳統旅遊文學純寫旅遊心情的寫作方式。書中處處展現峰堯對此地區的歷史情懷，並且盡顯他身為專業導覽者引經據典、旁徵博引的功力。而書中所推薦的旅遊景點，也非常值得讀者在規劃突尼西亞旅遊時參考、放入行程當中。這本書既可以是在家中閱讀、神遊突尼西亞的百科書籍，也可以在旅遊突尼西亞時隨身攜帶，當成旅遊景點的導覽書。但以我跟他同遊中東及北非國家的經驗來說，最推薦的當然還是直接跟著本書作者，一起遨遊這奇幻且神秘的國度。

國立政治大學阿拉伯語文學系　劉長政

# 推薦序

## 旅行，也是一種投資

我在投資上的建議通常是：如果你這輩子都不會去旅遊的地方，可以人不要去，但是讓你的錢進去，例如我對於印度便是這樣的投資原則；而對於新興新興市場，也就是邊境市場，我認為可以透過樂透式的投資小幅參與。在我還沒有看過本書前，對於突尼西亞正是抱持著這樣的想法。

非洲大陸被譽為人類搖籃，擁有光輝歷史與燦爛文化，很多新興市場專家以長期角度觀察，認為具有投資機會。新興市場教父馬克墨比爾斯(Mark Mobius, 1936–)將非洲分為兩大部分：一、撒哈拉以南非洲地區，其中以南非和奈及利亞為該區經濟龍頭；二、北非市場，埃及為該地區最大的經濟體。許多投資專家會將阿拉伯之春革命運動的起源地突尼西亞排除在投資組合之外，但後來有些投資專家認為突尼西亞已重回常軌，尤其是政治漸趨穩定。

除了投資議題之外，突尼西亞的旅遊經驗，真的令人驚豔！我的前助理宋小姐，當年為了突尼西亞玫瑰，搭好久的飛機前往當地。後來她因為擔心放在行李箱壓壞，一路用手捧著突尼西亞玫瑰回臺灣送給我，至今仍令我印象深刻。她也曾告訴我，去了之後，終於知道為什麼突尼西亞會被歐洲人視為「渡假後花園」，而阿拉伯人更認為突尼西亞是「北非的歐洲」。透過當年宋小姐的描述，以及這本有關突尼西亞的書，給予我二千多年的地中海古文明、世界最古老的伊斯蘭文化，以及耀眼的地中海、一望無際的撒哈拉沙漠，還有北非豔陽天的美好想像。

徐峰堯是一個超級大玩咖，他是政大宗教研究所畢業，專研伊斯蘭世界，去過很多北非國家。根據他書中的描述，光是突尼西亞就去過不下四十次，最多一年去了九次。他在旅遊界中有超高人氣，我的很多朋友去一些「奇奇怪怪」的國家，大多由他領隊，很多人喜歡聽他對於國家地理、歷史的解說，因為除了國家民族的文化風土人情之外，還加入對宗教的理解認同，這也是他獨特的地方。

關於突尼西亞，我本用大範圍的「歐非中東」或是「非洲基金」、「邊境市場」，小幅參與投資即可。結果看完他的書，竟然動了想去突尼西亞旅遊的念頭。畢竟讀萬卷書更要行萬里路，閱讀徐堯峰這本書、期待跟他一起去見識人文風景豐富的突尼西亞，也算是一種「樂透式」的投資吧。

中廣【理財生活通】節目主持人、財經作家　夏韻芬

# 自序

## 突尼西亞，一個色彩交織的美麗國度

我在二〇一〇年一月的時候第一次來到突尼西亞，那時候正值臺灣過年，我率領著團員們降落在這個新奇的國家裡，但老實說，我什麼深刻的印象都沒有留下，我太緊張了，只顧著如何當好領隊。同一年年底，突尼西亞爆發茉莉花革命（Tunisian Revolution, 2010–2011），隨即影響了埃及（Egypt）、葉門（Yemen）、敘利亞（Syria）等國家。

茉莉花革命後一年，我回到了突尼西亞，發現這個國家與我前一次來的時候，有一點點不一樣。在二〇一〇年時，到處都可以看到總統班・阿里（Zine El Abidine Ben Ali, 1936–2019）[1]的肖像，像是臺灣以前到處都懸掛著孫中山與蔣中正的肖像一樣。當班・阿里的強人政權被推翻後，這些肖像與雕像全都消失了，我與他們一起經歷了威權轉型，在之後

1 班・阿里為軍人出身，由於第一段的婚姻娶的是將軍的女兒，迅速的在軍隊當中竄升，藉由聲稱哈比卜・布爾吉巴總統（Habib Bourquiba, 1903–2000）不能視事，推翻哈比卜・布爾吉巴總統。班・阿里取得政權後實施獨裁統治，在二〇一〇年底的茉莉花革命後下臺出逃沙烏地阿拉伯，於二〇一九年病逝於沙烏地阿拉伯。

的八年期間，我看著他們一步一步慢慢的轉變。

伊斯蘭世界中民主國家很少，在埃及想選總統會被政府威脅，沙烏地阿拉伯 (Saudi Arabia) 女性在二〇一八年才獲得考取駕照的資格，而伊朗 (Iran) 永遠讓人搞不清楚總統是如何選出來的，相較於其他國家，突尼西亞已經是較為民主的國家了。在茉莉花革命後，突尼西亞並沒有像利比亞 (Libya) 一樣分裂，他們的議會仍然繼續運作，誕生新的憲法，以及之後正規選出的新任總統，在在都顯示出突尼西亞在民主方面的素養。

想要前往突尼西亞，你必須要花很大的力氣，飛行很長的時間才能夠抵達。最早開始，要先搭飛機前往約旦 (Jordan)，再轉機飛往突尼西亞，大概在二十八小時之後才能降落在突尼西亞。土耳其航空 (Turkish Airlines) 和阿聯酋航空 (Emirates) 開放直飛後，飛到突尼西亞大概只需要十六到十七個小時了。

突尼西亞跟義大利 (Italy) 隔著地中海相望，和西西里島 (Sicily) 的距離更是近的不得了，在北非的五個國家裡（埃及、利比亞、突尼西亞、阿爾及利亞 [Algeria]、摩洛哥 [Morocco]），突尼西亞是面積最小的一個國家，其他四個國家都比她大很多很多。我覺得突尼西亞和臺灣有點像，比如政治中心在北方，像臺灣的臺北一樣；但突尼西亞同時也有一個位在南方的重要工業城市，就如同我們的高雄一般。在政治方面，突尼西亞和臺灣都曾經歷過殖民政府與威權政府的統治，而如同臺灣多年以前走過的民主化道路一般，突尼西亞也在同一條路上前進，只是開始的時間比較晚。突尼西亞經歷過去第一任總統哈比卜．布爾吉巴（帶領突尼西亞對抗法國殖民，為突尼西亞的國父）[2]、第二任總統班．阿里後，這個國家在二〇一一年邁開步伐，選出了第三任，也是首任的民選總統貝吉．卡伊德．艾塞布西 (Beji Caid Essebsi, 1926–2019)。

## 從顏色上來看

突尼西亞的國土面積是十六萬三千六百一十平方公里，大概是臺灣的四倍大，我們可以將突尼西亞分成兩個區塊，一個是北方，像突尼斯 (Tunis)、塔巴卡 (Tabarka)、納布勒 (Nabeul) 等城市。

[2] 哈比卜．布爾吉巴接受西式教育留學法國，帶領著突尼西亞走向西化與現代化的道路，認為發展教育才是國家最重要的任務，與同一時期的摩洛哥國王哈珊二世 (Hassan II, 1929–1999) 相比更加重視教育，當哈珊二世來訪突尼西亞時，說過教育是最重要的武器，也因為哈比卜．布爾吉巴對教育的重視，使得突尼西亞成為北非受教育程度最高的國家。

北方是突尼西亞的農業生產區，這裡的年雨量大概有一千一百公釐以上，是典型的地中海型氣候，自古以來即是北非重要的糧倉之一。英國的歷史學家愛德華．吉朋 (Edward Gibbon, 1737–1794) 在他的著作《羅馬帝國衰亡史》(*The History of the Decline and Fall of the Roman Empire*) 中提到，羅馬帝國的滅亡與蠻族入侵、北非可耕地喪失有關，這裡指的「北非可耕地」就是突尼西亞的北方。而突尼西亞的南方是大片的撒哈拉沙漠，像是米德斯 (Mides)、吐澤 (Tozeur)、杜茲 (Douz) 等地，因此當我們提到突尼西亞時，都會說突尼西亞有著雙重色彩——北方的亞特拉斯山脈 (Atlas Mountains) 和冒出嫩芽的小麥是綠色的突尼西亞，南方的撒哈拉沙漠是黃色的突尼西亞。

突尼西亞的海岸線大概有一千一百公里，從利比亞的邊境直到阿爾及利亞的邊境，在海岸線旁，有許多以藍白色為主的小鎮，所以我們有時候也會說突尼西亞的顏色是藍色與白色。講到這裡，你會發現突尼西亞是個色彩繽紛的國家，亞特拉斯山脈與麥田的綠、撒哈拉沙漠的黃、地中海的藍、建築的白色與藍色，交織成這個國家。

## 從歷史上來看

突尼西亞的人文歷史十分豐富，除了原住民柏柏爾人 (Berber) 之外，也有許多外來統治者在這裡留下痕跡。柏柏爾人居住的圖堅 (Toujane)、雪尼尼 (Chenini) 等地展現原住民族的面貌，北方從西元前八一四年開始發展迦太基文明，之後羅馬人打敗迦太基 (Carthage)，成功占領這片土地，大約在七世紀的時候，阿拉伯人從埃及發動遠征，一路攻進開羅安 (Kairouan)，那時候突尼西亞的北邊由拜占庭帝國 (Byzantine Empire, 395–1453) 掌控，中間是阿拉伯人建立的據點，南邊則是柏柏爾人的勢力範圍。一五三〇年突尼西亞開始由鄂圖曼帝國 (Ottoman Empire, 1299–1922) 統治，直到一八八一年被法國人殖民，最終在一九五六年成功獨立。

因此突尼西亞的風格十分多變，你可以在這裡看到世界第三大的羅馬競技場、阿拉伯式的老城區、充滿法式風情的法國人住宅區、柏柏爾人的傳統建築、緊鄰地中海的美麗藍白小鎮以及黃沙滾滾的廣大沙漠，之前的團員在回國後，將自己拍的照片製作成投影片，糊弄朋友自己跑遍了希臘、羅馬以及有沙漠的地方，有夠壞！人文風景的多變是我喜歡上突尼西亞的原因之一，另外一個原因，是景點間的車程不用太久，最多兩個半小時就可以抵達，非常適合臺灣人旅行。

從第一次踏上突尼西亞的土地開始，前前後後我去了四十幾次，甚至創下一年當中去了九次的紀錄，弄得我都不知道自己應該辦短期簽證，還是乾脆辦長期簽證算了。我走遍突尼西亞大大小小的地方，看過突尼西亞的每一個季節，我曾在農曆過年的時候遇見下雪的突尼西亞，也曾在七月的時候碰見五十二度的高溫，她的變化性、豐富性，值得我一訪再訪。因此，我想將這個國家介紹給臺灣人，帶著大家一同領略突尼西亞的美好風景。

最後，我要感謝葉盈利小姐，一起在突尼西亞打拚的時光是非常美好的回憶。謝謝三民書局的耐心等候，花時間等待拖稿的作者。歐德風是我在突尼西亞的文化導覽，他讓我認識了突尼西亞，也點燃我理解阿爾及利亞的火苗。最後，我想要謝謝太太——林菁菁小姐，她包容我很任性的一面。北非的十年時光有著眾多的因緣來成就，謝謝在北非路上幫助我的各位朋友。

徐峰堯

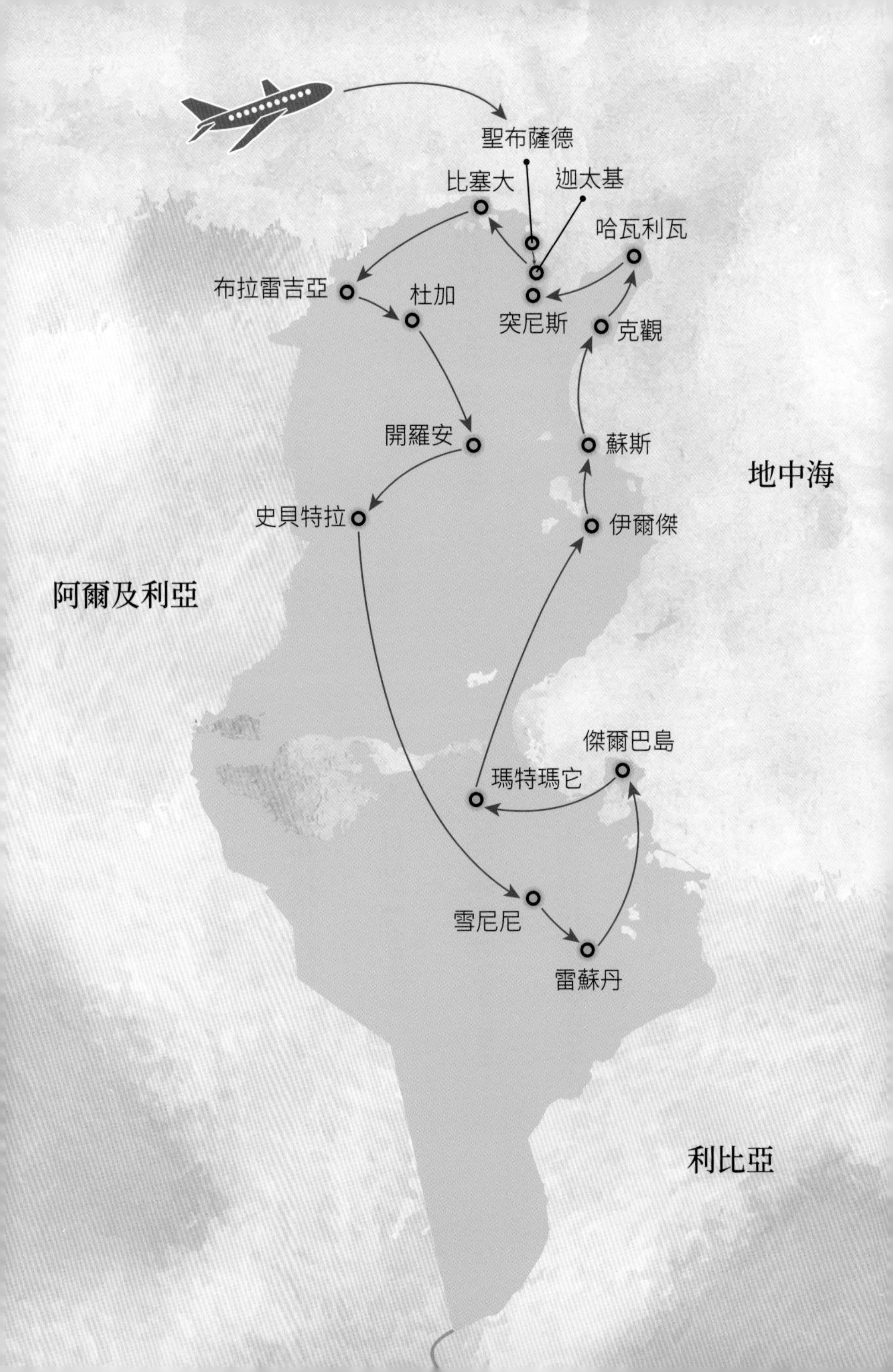

聖布薩德
比塞大
迦太基
哈瓦利瓦
布拉雷吉亞
杜加
突尼斯
克觀
開羅安
蘇斯
地中海
史貝特拉
伊爾傑
阿爾及利亞
傑爾巴島
瑪特瑪它
雪尼尼
雷蘇丹
利比亞

## 目錄

Contents

# 聖布薩德 Sidi Bou Said

## 藍白相間的美麗小鎮

聖布薩德大概是整個突尼西亞的旅行中，遊客最喜歡的一個地方了。在經過整整十七個小時漫長的飛行後，在一個美麗小鎮悠閒地散步、拍照、打卡，是最適合的行程。

聖布薩德距離首都突尼斯約二十公里，位於地中海岸旁，藍白色的房子散落於山崖之上，白色的牆面上鑲嵌著各具特色的美麗門窗，盛開的九重葛從牆面上蜿蜒而下，路旁的商店裡，琳瑯滿目的掛滿了阿拉伯頭巾、肚皮舞的衣服，阿拉伯式的鳥籠，交織成一幅色彩鮮豔的小鎮風景。

一九一四年，瑞士知名的藝術家保羅．克利（Paul Klee, 1879–1940）來到聖布薩德，這位二十世紀偉大的抽象派藝術家擅長將音樂融入自己的畫作中，以色塊展現律動，畫面豐富而生動。然而，在保羅．克利來到突尼西亞之前，他的作品以黑、白兩色為主，那時誰也沒想到，這趟突尼西亞之旅會成為他畫風的轉捩點。或許是聖布薩德美麗的色彩啟發了保羅．克利對顏色的想像，他在日記中寫道：「我不用追著她（色彩）跑，……

我和色彩是一體的，我是一位藝術家。」當他回到自己的國家時，旁人驚訝於他的轉變，保羅．克利說：「因為突尼西亞，因為聖布薩德，讓這種活力、色彩，重新回到我的畫作當中。」

## 希臘？才不是呢！

踏入聖布薩德的瞬間，美麗的海岸與藍白色系的建築映入眼簾，會讓你覺得自己來到了希臘，但仔細環顧四周，你會發現這裡和希臘截然不同。八世紀初，伊斯蘭勢力占據伊比利半島 (Iberian Peninsula)，伊比利半島上的基督徒企圖對穆斯林進行反擊，展開收復失地運動 (Reconquista, 718–1492)，十三世紀中期，基督徒幾乎收復整個伊比利半島，許多穆斯林和猶太人則輾轉來到北非，這些人帶來了迥異於突尼西亞的文化，並且和當地的文化相互交織，形成獨樹一幟的風格。

這些風格，展現在你經過的每一扇門、每一扇窗上。在這裡，有一種窗戶叫做「女兒窗」，這種窗戶是為穆斯林女性而設計，女兒窗的縫隙非常的小，路人無法從窗戶一窺房間內部的情況。但要是房間內的女性想看看窗外，還是可以輕推窗戶，從縫隙中一探究竟。

聖布薩德街上各式各樣的女兒窗

另外，你絕對不能錯過聖布薩德的每一扇門！聖布薩德家家戶戶的門上都有非常多的裝飾圖案，每個圖案都有它的文化以及含意。若你在門上看到手掌的圖案，代表你找到了「法蒂瑪的手」，穆斯林認為先知穆罕默德 (Muhammad, 570–632) 女兒法蒂瑪 (Fatimah, 605–632) 的右手圖騰能避邪，常會繪於房屋上，保護家人免於惡靈的侵擾。

同時，你也能在門上發現柏柏爾人的圖騰，這種下面尖尖，外面又圍繞一圈的圖案，是柏柏爾婦女們的別針，專門用來別在柏柏爾人的大袍子上。甚至你也可以找到猶太文化中的大衛之星 (Star of David)，代表此處也受到猶太文化的影響。有些門上繪製著像是蠟燭的圖案，象徵長青樹，對阿拉伯人來說，有綠樹的地方就是天堂。聖布薩德的每扇門都是突尼西亞多元文化的縮影，經過時，不妨停下腳步，找找看藏在門上的圖案吧！

## 就是要藍色與白色

聖布薩德的整體色調，在二十世紀初由法國的德朗厄爾男爵 (Rodolphe d'Erlanger, 1872–1932)

聖布薩德裝飾美麗的各式大門

奠定下來。德朗厄爾男爵是知名的音樂家，對阿拉伯音樂情有獨鍾，他利用西方的音樂符號，將阿拉伯音樂的聲調記錄下來。在過去，阿拉伯音樂並沒有系統化的記錄，他們透過傳唱的方式來學習曲子的旋律，但音調的高低並沒有定案，今天音樂家心情好，可能拉高兩個音階來演奏；要是今天音樂家心情不佳，就將樂曲下降兩個音階，曲子隨著音樂家所處的環境、心情而變動。當西方記譜方式出現後，阿拉伯音樂開始系統化，人們可以更有規律地去了解阿拉伯音樂的旋律。德朗厄爾男爵除了寫過六本關於阿拉伯音樂的書籍外，也將阿拉伯世界所有能找到的聲音通通收錄下來，完成兩套阿拉伯樂譜，其中一套就收錄在聖布薩德的音樂博物館裡。

德朗厄爾男爵於一九〇九年來到突尼西亞後，定居於聖布薩德，一住就是將近二十年。他設計了一間帶有安達魯西亞風格的建築作為住所，房子看似普通，進門卻有美麗的花園、噴泉，以及圍繞花園的四個房間。穆斯林常說：「我們把所有美麗的東西都放在家裡給家人看，在外面給別人看的，都是些平淡無奇的東西。」德朗厄爾男爵在設計房子時，便採納了這樣的方式。德朗厄爾男爵的房子現在成為「博物館以及阿拉伯和地中海音樂中心」(Centre des Musiques Arabes et Méditerranéennes)，博物館內存有德朗厄爾男爵的畫像、當時的家具等等；音樂中心除了收藏各種

遠眺德朗厄爾男爵的住所（上）、當地安達魯西亞風格的住宅（下）

樂器之外，也作為表演會場使用。

在這段期間，德朗厄爾男爵參與了聖布薩德的城市建設，建議聖布薩德的房子可以藍、白兩色為主。德朗厄爾男爵認為，對猶太人來說，藍色具有避邪的效果；而白色象徵純潔，在伊斯蘭文化中有很重要的意義，將這兩種顏色放在一起，能夠展現突尼西亞包容多元的文化特色。最終，聖布薩德在德朗厄爾男爵的努力下，成為著名的「藍白小鎮」。

## 散步，是享受這裡的最好方法

來到聖布薩德，要帶著冒險的心情，捨棄筆直的大馬路，在蜿蜒的石板小徑上漫步，迷路也沒有

關係，下午的時間是最適合的，陽光灑在石板路上，有種難以言喻的悠閒。

讓我們繞過咖啡館，從後面的小巷開始。第一個遇到的是聖布薩德清真寺，在過去，聖布薩德被稱作“Jabal el-Menar”，直到十二、十三世紀時，因為穆斯林聖人阿布．薩伊德 (Abu Said al-Baji, 1156–1231) 來到此處定居，死後也埋葬於此，這座小鎮也就從“Jabal el-Menar”改名為“Sidi Bou Said”了。清真寺附近常常圍繞著許多貓咪，穆斯林非常喜歡貓，《聖訓》中甚至有「天使因為屋內有狗而拒絕進屋」的記載，再加上現代的突尼西亞人認為貓比狗安靜，喜歡貓勝過於狗，所以貓咪在這裡其實過的挺不錯的。

再往下走，湛藍的海水在你面前展開，隔壁就是聖布薩德的墓園，當地人稱它為「給鳥休息的花園」，穆斯林認為死亡並不是離別，而是和阿拉的重聚。在墓園的正中央，他們設計了一個小圓盤，每當下雨時就會積滿水，常常有許多鳥類前來此處飲水，加上墓園裡種滿了樹木，鳥類開始在這裡築巢，讓墓園成為充滿生氣的地方，也成為當地人口中的「給鳥休息的花園」。

## 來一杯薄荷松子茶

鑽出蜿蜒的小徑後，也差不多到了下午茶時間，聖布薩德有兩家著名的咖啡館，一家叫做西迪夏邦咖啡館 (Café Sidi Chabbane)，另一家叫做階梯咖啡館 (High Coffee Shop)。

西迪夏邦咖啡館坐落於地中海旁，有著一望無際的無敵海景，在這裡，絕對要來一杯「薄荷松子茶」！薄荷松子茶以綠茶為底，在沖泡時添加新鮮的薄荷葉，最後再加入松子，整杯茶散發濃郁的薄荷香氣，松子讓薄荷茶更有層次感。品嘗薄荷松子茶前，需要提醒大家，薄荷松子茶非常甜，大概跟臺灣的全糖珍珠奶茶一樣甜。薄荷松子茶主要使用價格便宜的中國碎茶葉，泡出來

好喝的薄荷松子茶與無敵海景

的茶味道苦澀，於是突尼西亞人加入大量的糖調和茶中的苦味和澀味。有一次，我從臺灣帶了茶葉去，沒想到泡出來的味道完全走鐘，大概如果不是用碎茶葉和一定比例的糖，是泡不出這種北非特殊風味的。在不能喝酒的伊斯蘭文化內，沙漠民族有時候會戲稱薄荷茶為沙漠中的威士忌，在北非旅行時每天都可以喝個兩到三杯。

當我在空閒時和咖啡店老闆聊天，我忍不住調侃道：「全突尼西亞，就你的茶賣最貴！一杯茶從臺幣六十塊漲到臺幣一百二十塊！」老闆理直氣壯地說：「咖啡店有全突尼西亞最美麗的海景，難道你不應該為了海景多付一點錢嗎？茶裡還加了松子，松子也不便宜啊！一杯茶一百二十塊，是很合理的。」如此的有理有據，我也只好摸摸鼻子付錢了，從這裡也可以看出，阿拉伯人有多會做生意了。

## 名人超愛的咖啡館

階梯咖啡館位於聖布薩德清真寺的前面，可以說是聖布薩德地標一般的存在。階梯咖啡館是一家傳統的「阿拉伯咖啡店」，在咖啡店裡，有一整區鋪滿了地毯，因為阿拉伯人是不坐椅子的，你必須脫下鞋子，坐在小小的矮茶几旁，服務生會為你送上小小一杯的阿拉伯咖啡。千萬，千萬不要因為小杯，就一口喝下肚，阿拉伯咖啡的煮法會讓杯子底部有許多咖啡渣，小心將這些咖啡渣一起吃下肚。

除了喝咖啡，你也可以花個新臺幣約一百塊在這裡抽水煙 (shisha)。將水倒入附有皮管的水煙壺當中，煙草膏則置於水煙壺上的小碗裡，並以炭火覆蓋。每當吸氣時，煙便會依序通過水、皮管，然後到達我們的口腔、肺部。水煙壺內的水具有過濾的效果，因此不會嗆口刺鼻。當地男子常常三五成群的聚在一起抽水煙，可以說是當地不可或缺的社交活動。

拜訪階梯咖啡館的人不計其數，其中有名的人更是不少，例如美國總統尼克森 (Richard Milhous Nixon, 1913–1994)、法國哲學家沙特 (Jean-Paul Sartre, 1905–1980) 和西蒙波娃 (Simone de Beauvoir, 1908–1986) 等，皆曾是這裡的座上賓。來到這裡，不妨舒服地坐在地毯上，慢慢品嘗咖啡，享受一下咖啡店濃厚的歷史情懷。

離開階梯咖啡館時，不要走的太快，在隔壁店家買個 YOYO 吧！YOYO 是一種類似甜甜圈

階梯咖啡館和內部裝潢

的炸物，上面灑滿甜蜜的糖粉，配上一杯薄荷茶，滋味再好不過了。有一次我一口氣買了二十個YOYO，不僅店家嚇到，連附近的孩子都說我搶了他們的點心，畢竟YOYO是頗受當地人喜愛的甜點啊！

## 突尼西亞＋法國＝極度的浪漫與緩慢

來到如此美麗的地方，停留的時間當然越長越好，在聖布薩德，我常常投宿於飯店"Dar Said"。"Dar Said"是由當地傳統老房子改建而成，坐落於地中海岸旁，有著美麗的大花園，在沒有廚房提供晚餐的情況下，我通常會帶客人去對面融合突尼西亞和法式風情的餐廳享用晚餐。我帶著團員在餐廳坐定位後，服務生先送上一盤海鮮沙拉，上面淋滿美味的橄欖油（突尼西亞是世界第四大生產橄欖的國家），以及烤鮪魚之類的前菜讓我們享用，沒想到半小時過去了，我們的桌上依舊只有海鮮沙拉跟前菜，這樣可不行，大家都飛了十幾個小時了，想坐下來好好吃頓飯，但眼前只有沙拉。於是我跑去請服務生加快送餐的速度，服務生卻說：「你們來到那麼漂亮的地方，在我們餐廳享受一頓浪漫的燭光晚餐，為什麼要趕時間呢？」說不過服務生的我，只好回去享受一頓兩個小時的晚餐。這次的經驗讓我見識，突尼西亞加上法國，等於很慢、很慢、很慢的一頓晚餐。

因為喜歡“Dar Said”，我經常在「很慢很慢的餐廳」吃晚餐，為了避免同樣的情況發生，我會先去找餐廳經理，跟他說：「我不要法國的上菜速度，也不要突尼西亞的上菜速度，請你給我日本的上菜速度好嗎？」餐廳經理大笑，答應了我的要求。

當你漫步在聖布薩德，眼前是湛藍的海水、桃紅色的九重葛、純白色的房子以及深淺不一的藍色系門窗，街上的貓咪悠哉的經過你的腳邊，

聖布薩德的商店

身旁的商店擺滿了色彩鮮豔的陶器、畫作、衣服、頭巾，以及著名的阿拉伯鳥籠。你可以坐在階梯咖啡館啜飲咖啡，也可以在西迪夏邦咖啡館以薄荷松子茶搭配日落，感受聖布薩德獨有的悠閒與魅力。晚上，入住於聖布薩德的傳統民宿，體會聖布薩德白天和夜晚截然不同的感受。

阿拉伯鳥籠

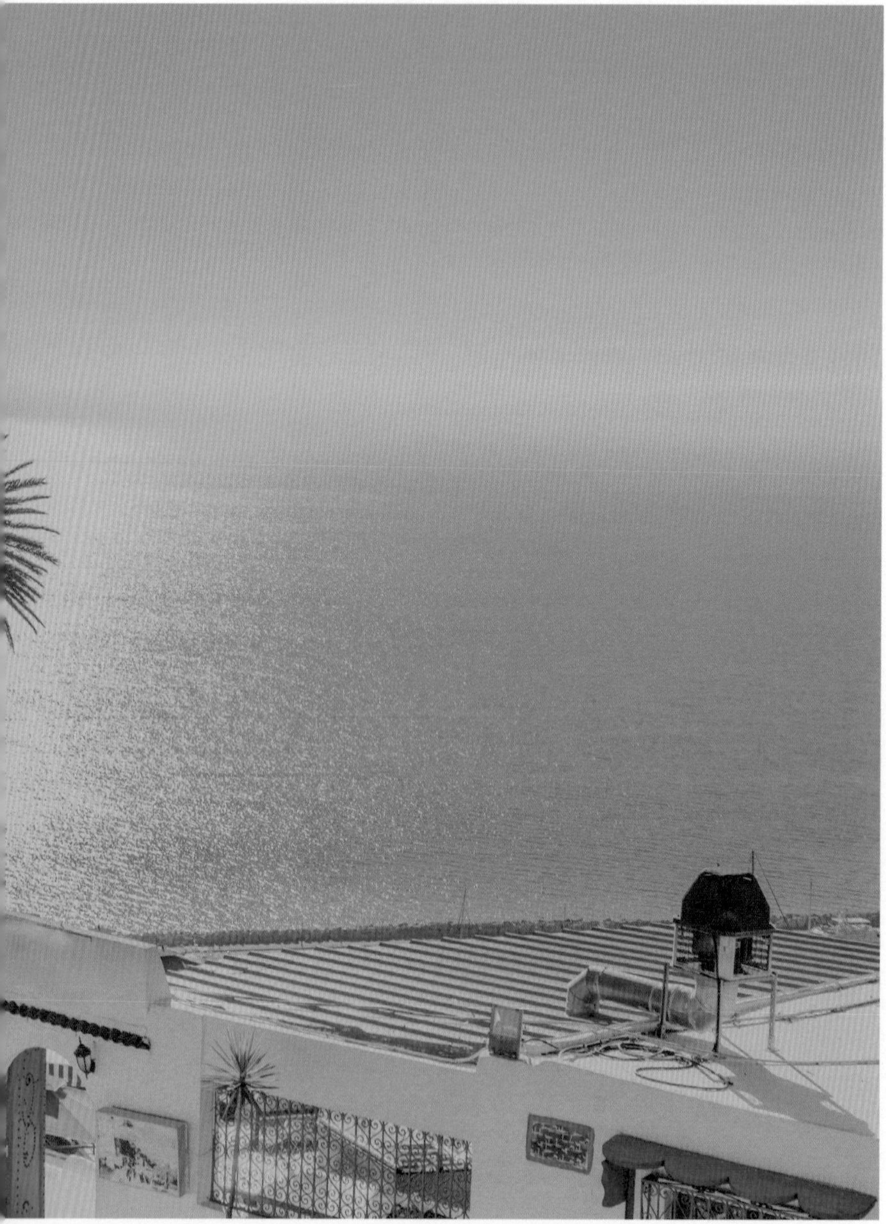

# 畢爾莎山丘
# Byrsa

## 紫色商業帝國的建立

突尼西亞擁有古老的迦太基文明。迦太基是由一群來自黎巴嫩的腓尼基人(Pheonicia)所建造，他們非常善於航海，在西元前五世紀時幾乎稱霸了地中海區域。他們不僅擁有卓越的航海技術，更有大受歡迎的商品，其中最重要的商品即是紫色染料。腓尼基人會用海螺做出紫色的染料，紫色在古代是非常受到貴族喜愛的顏色，例如羅馬皇帝登基時，身上穿的就是紫色袍子，副皇帝穿的則是紅色袍子，紫色可說是貴族甚至是王室的代表顏色，所以羅馬人稱腓尼基人為布匿克(Punic)，也就是紫色的意思。

一九七九年迦太基遺址被聯合國教科文組織列為世界遺產，遺址區便成為來到突尼西亞的必遊景點，其中又以畢爾莎山丘(Byrsa)、德菲的祭壇(Tophet)、安東尼浴場(Bath of Antoninus)、迦太基劇場(Carthage Theater)等景點非去不可！

畢爾莎之名源自於一個神話故事。相傳在西元前八一四年，泰爾公主愛麗莎．蒂朵 (Elissa Dido, 839BC–759BC) 乘著船來到了突尼斯附近的海岸，公主詢問當地的柏柏爾人，能不能給她一塊一張牛皮大小的土地來當作棲身之所？柏柏爾人答應了，沒想到公主將牛皮剪成一條條的細絲，剝絲成線的圍繞起整座山丘，從此之後，人們將此山丘稱為畢爾莎，也就是「牛皮之地」的意思。

## 法國國王長眠之處

車子緩緩開進畢爾莎山丘時，遠遠的就可以看到一座教堂，這座教堂是路易九世教堂 (Cathedral of Saint Louis)，為了紀念法王路易九世 (Saint Louis IX, 1214–1270) 而建造。為什麼法國國王的教堂會出現在這裡？因為法王路易九世發動了第七次與第八次的十字軍東征，那時候從土耳其經過黎巴嫩 (Lebanon) 的路線被穆斯林控制住，於是路易九世念頭一轉，決定自北非的埃及往西北前進抵達耶路撒冷 (Jerusalem)。沒想到出師不利，第七次十字軍東征進入埃及時，路易九世就被穆斯林俘虜了，法國只好付出大筆的贖金贖回自己的國王。路易九世不死心，發動了第八次十字軍東征，

位於畢爾莎山丘上的路易九世教堂、雕像與墓穴

結果這次更慘，他抵達突尼西亞後，就染上瘟疫死亡了！等到一八八一年法國殖民突尼西亞後，便在這裡建造了這座教堂紀念路易九世，往山丘裡走去還可看見路易九世的墓。

在教堂的對面，有兩臺被燒毀的警車，仔細看看旁邊的說明牌，上面寫著「革命之車」。在二〇一一年，突尼西亞發生了茉莉花革命，民眾努力爭取民主與自由，希望推翻獨裁者班・阿里的統治，民眾推倒燒毀象徵權威的警車，還有些人在警車上塗鴉繪畫。為了紀念茉莉花革命，這兩輛警車被保留下來，成為突尼西亞推動民主化浪潮的最佳見證者。

## 羅馬與迦太基

當我們從售票口進入畢爾莎山丘時，會先看到一面繪有許多駿馬的牆，這些馬一方面是代表迦太基國勢強盛，軍隊壯大；另一方面則是展現此地土壤肥沃，當馬走過時，馬蹄會深陷在泥土裡面。接著走到大廣場，這裡是觀看突尼西亞的絕佳地點之一，可以好好的俯視突尼西亞的市容，整座城市的建築色調以白色為主，視角的右下方則為迦太基軍港的舊址。

前面提到，迦太基在西元前五世紀時幾乎稱霸了地中海區域，海洋就如同他們的家鄉一樣，而當時的羅馬，則是非常強大的陸權國家，若是跟羅馬打陸戰，基本上沒有什麼打贏的機會，但迦太基和羅馬完全不一樣，他們精通海戰，想在海上打贏他們，也是不太可能發生的事情。

迦太基人曾說：「沒有我們（迦太基人）的允許，你（羅馬人）就別想在海邊洗手。」因此，當羅馬人嘗試將勢力跨足海上時，雙方不可避免地發生衝突，而點燃戰火的，是西西里島上兩個城邦的衝突。當時墨西拿 (Messina) 跟敘拉古 (Syracuse) 兩個城邦鬧不合，分別找了羅馬和迦太基幫忙撐腰，戰爭一觸即發。剛開始時，羅馬十

繪有駿馬的牆面

分苦惱要怎麼在海上打敗迦太基，他們首先找了希臘水手，教導羅馬人如何航行、怎麼在海上擺陣等等；另外一件要解決的，則是造船的問題。當時迦太基的船隻有三層樓那麼高，靠撞擊的力道擊沉對手的船隻，沒有好的硬體，只有希臘水手的幫忙是不夠的，好在，羅馬人擄獲了迦太基人的船艦，徹底研究後成功的建造出一模一樣的大船。

本以為事情就該一帆風順的羅馬人，赫然發現水手們對船隻的操作熟練度不足，於是他們換個想法，把海戰當作陸戰打。羅馬軍隊發明了「卡拉斯鐵鉤」，當雙方的船靠近時，便使用「卡拉斯鐵鉤」鉤住對方的船，讓士兵沿著鐵鍊爬到敵船上大開殺戒。迦太基人本來還在嘲笑羅馬人把船開得歪歪扭扭的，沒想到轉眼間就被打得七零八落。第一次布匿克戰爭 (First Punic War, 264BC–241BC) 的結果，就以羅馬人擊敗海上強權迦太基，獲得空前絕後的大勝利作結。

戰敗的迦太基人離開西西里島，往西班牙南部發展，沒想到跟羅馬之間的衝突卻再次發生，這就是第二次布匿克戰爭 (Second Punic War, 218BC–201BC)。不過這一次，迦太基的陣營當中有位戰神：漢尼拔 (Hannibal Barca, 247BC–183BC)。第二次布匿克戰爭爆發後，漢尼拔率領龐大的軍隊，在冬季越過風刺霜寒的阿爾卑斯山，直逼羅馬的重要地區，一時之間羅馬人嚇得措手不及，顯得疲於應付，漢尼拔「殺人魔」形象也由此而來。漢尼拔對於當時羅馬爸媽來說，是趕孩子上床的最好幫手，只要對孩子說：「再不去睡覺，漢尼拔就會來找你」，小孩子二話不說，馬上乖乖縮回床鋪睡覺。

雖然漢尼拔一度有可能獲得勝利，但他拆解羅馬同盟、壯大己方聲勢的戰略沒有成功；再加上迦太基的戰線拉得太長，資源補給只能邊打邊搶。羅馬新上任的將軍大西庇奧 (Scipio Africanus, 236BC–183BC) 發覺這點，下達命令堅壁清野，斷絕迦太基的補給，同時在迦太基本土另闢戰線，逼使漢尼拔不得不回頭救援。

分化策略沒有奏效、缺乏資源補給、軍隊又來回奔波，在諸多因素影響下，一代戰神最終還是戰敗，迦太基也在第二次布匿克戰爭後雪上加霜，簽下苛刻的條約，解除了所有武裝並失去海外殖民地。最終，因擔心迦太基驚人的恢復力及經濟實力所帶來的威脅，羅馬人發動了第三次布匿克戰爭 (Third Punic War, 149BC–146BC)，徹底踏平了迦太基。

大廣場上錯落著許多石柱，這些都是羅馬統治時期遺留下的建築遺跡，而迦太基時期的建築早在西元前一四六年羅馬人攻進迦太基時，被一把大火燃燒殆盡。站在畢爾莎山丘上，你很難看出它是一個山丘，甚至會覺得它是平的。因為在西元前四六年的時候，凱撒(Gaius Julius Caesar, 100BC–44BC)來到這裡，他看上這塊富饒的土地，寄望此地能夠成為羅馬的糧倉，於是凱撒重新建造迦太基城。羅馬人在畢爾莎山丘上建造衛城，他們為了能在平坦的地面活動，藉由羅馬拱把畢爾莎山丘給整平，羅馬拱是羅馬式建築的特點，通常是由奇數的石塊組合起來，用來填滿山丘不平之處，使山丘成為平地，有些地方甚至使用到三層的羅馬拱。整平之後，羅馬人在這裡建造神殿以及公共議事廳，開啟羅馬在迦太基的統治時期。

遺留在廣場上的羅馬石柱

## 除了遺址，還有博物館！

畢爾莎山丘上有座白色長方形的兩層樓建築，這裡是迦太基國家博物館(Carthage National Museum)，裡面存放了許多迦太基的歷史文物，我們可以在這裡一窺迦太基人的生活。

先來到二樓底部的展間，這裡掛著一張地中海的地圖，圖上有迦太基建立的幾條經過西西里島的地中海航線，地圖旁邊則擺放著兩個尖底的陶罐，提示我們迦太基人是航行於地中海的民族。

尖底陶罐特別在哪裡？陸上民族是不會做這樣造型的瓶子，因為無法擺放，但對航海民族來

畢爾莎山丘上的羅馬拱

說就不一樣了，這些尖底的瓶子正好可以穩穩地插在船艙中的架子上，瓶身有一對把手，把手設計不同，瓶內存放的貨物也就不同，目的是為了讓船員們精準的辨認瓶中的物品。當船上的人喊出要什麼樣的東西時，船艙裡的船員就能快速的在一堆陶瓶中找到需要的貨物。

在博物館二樓的左後方，有一個用玻璃蓋蓋起來的模型，是古代迦太基城的遺址。當時迦太基在第二次布匿克戰爭中敗給羅馬，羅馬要求迦太基付鉅額的賠償金，但迦太基人只花了三年的時間，就還清了債務，這使羅馬人十分的震驚。他們發現鉅額賠款並沒有拖垮迦太基。元老院議員老加圖 (Cato the Elder, 234BC–149BC) 參觀完迦

迦太基國家博物館

太基之後，帶著迦太基的花朵與無花果回到元老院，他將花朵和無花果交給元老院議員，詢問所有元老院議員迦太基的花朵是否芬芳？無花果是否肥美？當眾人點頭稱是時，老加圖話鋒一轉，說這就是羅馬的敵國迦太基！所有元老院議員都認為迦太基仍然對羅馬形成強大的威脅，元老院議員得出結論——羅馬必須滅亡迦太基（"Carthago Delenda Est"）。博物館二樓的模型就是小西比奧將軍（Publius Cornelius Scipio Aemilianus Africanus Numantinus, 185BC–129BC）率領羅馬大軍攻陷畢爾莎山丘後，一場大火下僅存的迦太基遺址，這也是目前僅存的迦太基遺址的模型，遺址的現址即在畢爾莎山丘上。

而在博物館一樓的最底部，有兩座迦太基的棺木，棺木是由石材所雕刻，一座在棺蓋上雕刻著男性的面貌，另外一座雕刻著女性的面貌，男女的左手都刻著一個圓缽，另一手則是舉起的手勢，這個手勢應該有宗教意義，象徵著「我以巴爾．哈蒙神（Baal Hammon）的名義起誓」，這也似乎成為迦太基人棺木的特色。

在博物館一樓的館藏櫃中，你還會看到迦太基人的坦尼特女神（Tanit）的石碑，上面有個長得很像晴天娃娃的圖案，這是坦尼特女神的專屬符號。迦太基人認為萬物皆有靈，其中地位最高的神是太陽神——巴爾．哈蒙以及月亮神——坦尼特，在迦太基人的宗教碑文上，常常可以看到一個實心原點的圖案，代表太陽神——巴爾．哈蒙，新月造型的圖案則代表著月亮神——坦尼特。就性別來說，巴爾．哈蒙的造型為男性，坦尼特的造型通常為女性。

博物館裡也有許多腓尼基字母，你知道嗎？歐洲字母的源頭，可以追溯到腓尼基字母。腓尼基人把他們的字母傳給希臘人，演變成希臘文字，之後又被羅馬人借去拼寫他們的拉丁字母，最後成為歐洲字母的基礎。

你看，光一個畢爾莎山丘，我們可以踏上迦太基人的第一塊土地，也會看到法國人殖民突尼

博物館中的迦太基棺木

西亞的一段歷史，更可以觀察近代茉莉花革命在突尼西亞的一些痕跡，不得不說他的歷史文化真的相當豐厚。我自己在博物館裡面仔細感受迦太基人的生活樣貌後，離開博物館時相當震撼，感覺迦太基人就像是被羅馬人從這塊土地上拔起來，寸草不留，甚至有些人根本不知道歷史上曾經出現過這樣一個厲害的航海民族。

喔！還有一件小事情，畢爾莎山丘的周邊會有非常多的攤販，這些攤販大都販售一些很像羅馬時期的商品，基本上都不是真的，如果大家喜歡仿古的東西，可以在這裡逛逛看。

-37- 畢爾莎山丘

# 德菲祭壇
# Tophet

## 虔誠的信仰

車子順著畢爾莎山丘慢慢往下，約十幾分鐘後，我們會抵達漢尼拔街道，這條街上有著迦太基宗教非常重要的獻祭地點——德菲祭壇。德菲祭壇坐落於民宅中間，裡面有著數以百計的石碑，全是從祭壇遺址中挖掘出來的，在這裡，我們可以了解迦太基人的信仰。

德菲祭壇裡種滿無花果樹，一座座的石碑整齊的排列著，祭碑最上方刻有月亮神坦尼特的弦月，弦月下有象徵太陽神的巴爾．哈蒙的圓，最後在這兩者的下方通常會再加上晴天娃娃造型的符號。而在這些小小的祭碑下面，埋葬著迦太基人的孩子們。

## 獻上我最珍貴的寶物

根據羅馬人的記載，迦太基人非常殘忍，會以家中的長子作為祭品，獻祭給神明。迦太基人將家中長子交給大祭司，大祭司會先用手臂將其懷中的幼兒勒斃，再用火焚燒後獻給巴爾．哈蒙，最後將嬰兒的骨灰放在罐子內，埋在土壤中並立上石碑。

什麼時候需要獻祭呢？羅馬史書就描述過，在西西里島上的塞琉古王國 (Seleucid Empire, 312BC–63BC) 於某一次戰爭中攻入迦太基帝國的克里比亞 (Kelibia)，住在克里比亞附近的迦太基人只好遷離此地，整個迦太基帝國為此感到震撼，塞琉古王國居然打進迦太基帝國境內！於是當時迦太基的貴族們紛紛獻上自己的長子給巴爾．哈蒙，希望帝國能免於受到戰火波及。獻祭分為家庭內的獻祭以及國家級的獻祭，目的都是為祈禱家庭與國家的平安。

其實不只迦太基人有這種習俗，和迦太基人同為閃族人的猶太人，也在猶太《聖經》當中記載類似的故事。故事是這樣的：上帝想測試亞伯拉罕是否一心向祂，於是呼叫他說：「亞伯拉

德菲祭壇的祭碑與象徵神明的雕刻

罕！」亞伯拉罕回答：「我在這裡。」神說：「你帶著你的兒子，就是你獨生的兒子，你所愛的以撒，往摩利亞地去，在我所要指示你的山上，把他獻為燔祭。」亞伯拉罕清早起來，備上驢，帶著兩個僕人和他兒子以撒，也劈好了燔祭的柴，就起身往神所指示他的地方去了。到了第三日，亞伯拉罕舉目遠遠的看見那地方。亞伯拉罕對他的僕人說：「你們和驢在此等候，我與童子往那裡去拜一拜，就回到你們這裡來。」亞伯拉罕把燔祭的柴放在他兒子以撒身上，自己手裡拿著火與刀；於是二人同行。以撒對他父親亞伯拉罕說：「父親哪！」亞伯拉罕說：「我兒，我在這裡。」以撒說：「請看，火與柴都有了，但燔祭的羊羔在哪裡呢？」亞伯拉罕說：「我兒，神必自己預備作燔祭的羊羔。」他們到了神所指示的地方，亞伯拉罕在那裡築壇，把柴擺好，捆綁他的兒子以撒，放在祭壇的柴上。亞伯拉罕伸手拿刀，要殺他的兒子。耶和華的使者從天上呼叫他說：「亞伯拉罕！亞伯拉罕！」他說：「我在這裡。」天使說：「你不可在這童子身上下手。一點不可害他！現在我知道你是敬畏神的了；因為你沒有將你的兒子，就是你獨生的兒子，留下不給我。」亞伯拉罕舉目觀看，有一隻公羊，兩隻角與繁密的樹枝交纏在一起，亞伯拉罕就取了那隻公羊來，獻為燔祭，代替他的兒子。[1]

1 《聖經・創世紀》(22:01)

德菲祭壇的長男棺木（上）與棺木內部（下）

為什麼閃族人要殺掉自己的小孩呢？閃族人認為最珍貴的祭品就是自己的長子，在部族傳統當中，長子多為家庭當中的繼承者，象徵家族、部族延續的角色，因此，迦太基人獻祭長子代表祭拜者拿最珍貴的物品來獻祭給神。

## 不只有小孩？

在法國殖民時期，法國的考古學團隊重新開挖迦太基的遺址，針對德菲祭壇內的骨灰罈進行研究分析，發現骨灰罈內同時有人類孩童及動物的骨頭，顯示德菲祭壇內獻祭的並非僅是孩童，也包含著些許的動物在內。

當我們來到迦太基的另外一座城市——克觀（Kerkouane）時，會看到另外一幅非常細緻的獻祭圖。圖中祭司把牛頭放在祭壇上，後面尾隨著許多信眾，所有人一起把牛獻祭給巴爾．哈蒙神。考古學家甚至在克觀附近挖掘到許多牛頭的雕刻物，他們認為這些雕刻物應該都是獻祭時所採用的物品。

德菲祭壇洞穴內部

我們似乎可以從上面的情況，發現迦太基人獻祭方式的改變，從羅馬人描述的以人獻祭、考古學發現的人、獸骨交雜，以及克觀考古發現以雕刻物來獻祭，充分符合獻祭學的系譜，早期人們先以人類獻祭，之後逐漸轉換到動物獻祭，甚至是以象徵物獻祭的系譜當中。

## 神聖的火啊！

在迦太基的宗教儀式當中，火是個非常重要的關鍵元素，誠如上述殺嬰獻神的過程一般。此外，在古羅馬詩人撰寫的《埃涅阿斯記》(*Aeneid*)中也提到蒂朵公主後來愛上來自特洛伊的埃涅阿斯，埃涅阿斯身負著收復特洛伊城的使命，但與蒂朵相戀使他將恢復特洛伊的使命拋在腦後。宙斯便派遣信差荷米斯 (Hermes) 向埃涅阿斯傳遞訊息，希望他別忘記自己的使命，於是埃涅阿斯決定離開蒂朵公主，傷心欲絕的蒂朵公主最後在岸邊架起檯子引火自焚，結束自己的一生。

而在第三次布匿克戰爭中，迦太基守軍將領哈斯德巴魯 (Hasdrubal the Boetharch) 曾經想投降羅馬，他的太太對於丈夫的想法非常不以為然，最終投火自盡，希望丈夫打消投降羅馬的念頭。

綜上所述，我們可以發現火對於迦太基人似乎象徵一種淨化儀式，用火燒並不代表殘忍的行為，反而可藉由火燒淨化後達到神的境界，這也是認識迦太基的宗教觀中，非常重要的一個部分。

當我們來到德菲祭壇時看到的一座座祭碑，都是迦太基人生活過的證明，德菲祭壇左下方仍然有著許多祭碑被埋在土壤裡，而那些有幸被開挖出來的祭碑似乎也在無花果樹下，述說著屬於自己的故事。

# 安東尼浴場
# Bath of Antoninus

## 位在迦太基的羅馬浴場

羅馬人進入到北非後，初期並沒有進行建設，整個北非地區沉寂了約一百年的時間，直到凱撒重建迦太基城，整座城市才開始恢復活力。

大批大批的羅馬移民移居到迦太基區域，迦太基城開始出現羅馬劇場、議政廳、市集等，儼然成為非洲區域的經濟甚至是文化中心，這時候人們的生活方式，像是衛浴習慣、休閒內容都逐漸趨近於羅馬。

根據天主教主教奧古斯丁 (Augustine of Hippo, 354-430) 在《懺悔錄》(*Confessions*) 的描述，迦太基是座十分富饒的城市。奧古斯丁出生於阿爾及利亞的塔加斯特城 (Thagaste)，為了唸書來到迦太基城，城市生活十分熱鬧，奧古斯丁根本無法專心唸書，每天就在浴場、劇場等地方玩樂，到了晚年書寫《懺悔錄》的奧古斯丁仍然懊悔自己早年的所做所為，但我們也藉由奧古斯丁的紀錄一窺當時迦太基城的城市文化。

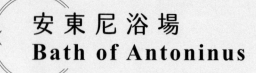

在奧古斯丁筆下，浴場為整座城市的娛樂中心，其位置距離德菲祭壇不到十幾分鐘的車程，也是我們下一個目的地——安東尼浴場。安東尼浴場到底是何時建立的呢？約於西元二世紀羅馬皇帝安東尼 (Antoninus Pius, 86–161) 統治時期，迦太基開始興建可以容納五千人的浴場，後來這個浴場便被命名為安東尼浴場。

## 水從哪裡來？

安東尼浴場在興建時，其實遇到非常棘手的問題，迦太基城內並沒有河流，水要從哪裡來？針對這個困擾，羅馬人在接近中部的小鎮——札觀 (Zaghwan) 找到水源，用水道橋將水引到迦太基城，水道橋的長度約一百四十公里。目前札觀還可以看到羅馬人為了保衛水源而興建的水神廟，有趣的部分是水神廟供奉的是波賽頓 (Poseidon)，祂原來是羅馬的海神，但是在北非祂的管轄範圍包含河流與湖泊，我們可以發現，就算同樣是在羅馬帝國統治之下，各區域間的宗教文化仍然有細微區分。

站在水道橋下，會發現水道橋內有兩條水管，要是其中一條水道管破裂，另外一條仍可以提供城市內的用水。羅馬人的水道橋是利用虹吸作用把水運至高處，以每一百公尺約下降三公分的方式，讓水緩緩流向終點，確保不會因為落差大而引發水管破裂問題。迦太基城是水道橋的終點，這裡有一座淨水廠，從札觀來的水會在此沉澱後，再流往各個公共設施或是住宅。有錢的羅馬公民可以多付一些錢，接鉛管把水引導到自己家中，在家沐浴洗澡。

來到安東尼浴場，在我們的正前方是一條大概三點五公尺高，十分筆直的羅馬大道。羅馬大道的兩旁有一個個的小方盒，這些小方盒其實是我們在德菲祭壇提到的埋葬小孩的石棺，當我們走到盡頭時，會看到一個迦太基時期的墓。許多來過的人很困惑，這裡不是羅馬浴場嗎？迦太基時期的墓又是怎麼回事？其實這兩個遺址大概相隔快三百年，三百年前是迦太基的墓葬區，三百年後成為安東尼浴場。

在這裡，有些比較資深的導遊會告訴遊客，千萬不要拍照！因為在安東尼浴場附近就是突尼西亞的總統府，在二〇一〇年班·阿里執政的時候，這邊到處可見軍人跟秘密警察在巡邏。他們會要求導遊約束自己的團員不要亂拍照，要是拍了，也必須要刪掉。雖然班·阿里已經下臺，但有些資深導遊還是會習慣性地提醒遊客不要拍照。

## 花樣百出的安東尼浴場

前面說了這麼多，大家一定滿心期盼看到美輪美奐的安東尼浴場，但第一眼，你們可能會跟我一樣震驚，為什麼只看到三根高聳的柱子?!對照旁邊的復原圖，圖中的安東尼浴場可是有六到八層高，到底發生了什麼事情，讓安東尼浴場只剩下殘骸？

先不要急，讓我們一起來看看安東尼浴場。

安東尼浴場很大，基本上可以容納五千人在這裡洗澡，想像一下，大概就是一個棒球場的觀眾一

迦太基時期的墓碑

安東尼浴場入口處飄揚的突尼西亞國旗（上）與現場遺跡（下）

起洗澡的感覺。對於羅馬人來說，洗澡是一種休閒、放鬆，甚至是一種時髦的活動。

羅馬人的浴場一般都有熱水池、溫水池、冷水池三個區域。羅馬人來到浴場，不是簡單洗澡而已，他們會先進入到溫水池，用溫水洗淨身體。隨後，拉上自己的好朋友一起進入到熱水池，邊聊天邊蒸開自己的身體毛細孔，以便讓毛細孔內的汙垢排出。最後，進入到冷水池，利用冷水收縮身上的毛細孔，完成洗澡的流程。浴場除了有潔淨的功能之外，還有社交與運動休閒的功能。羅馬人往往會約在浴場內談生意，浴場內的水池甚至按摩室都是放鬆休閒的地方，生意的成交往往也在輕鬆的環境中。廣大的羅馬浴場也提供運動休閒的地方，跑步、球類運動都是人們喜愛的項目，運動完後清洗一下自己，讓人整天好不快活。最重要的是，門票真的很便宜，有這麼多樣化的設施，但價錢可能跟一塊麵包加上一杯葡萄酒差不多。

安東尼浴場的下方遍布排水管，當上方的人在泡澡時，下方的工作人員就像「神隱少女」電影中的鍋爐爺爺一樣，忙著添柴火加熱水溫。另外，有些管道是將浴場內的汙水排入地中海的，安東尼浴場的地勢較高，方便汙水順著高、中、低池逐漸集中，最後再用管道排到海洋裡。樓上則是水池分布的區域，多是使用大理石雕刻裝置的地方，所以浴場內也留有相當高水準的藝術品。

但隨著汪達爾人（Vandals）從歐洲入侵北非，迦太基城受到相當嚴重的破壞，安東尼浴場也在此時期受到致命性的摧毀，現在僅修復兩座石柱，作為比例尺見證安東尼浴場當時的宏偉。安東尼浴場在被破壞後，留下相當多精美的大理石雕刻，許多人來到此地搬運免錢的大理石雕刻品，能搬多少就搬多少，後來人們就將安東尼浴場稱為「天然採石場」。現在我們也只能穿梭在遺跡中，想像當年安東尼浴場華麗的樣貌了。

安東尼浴場的排水管道

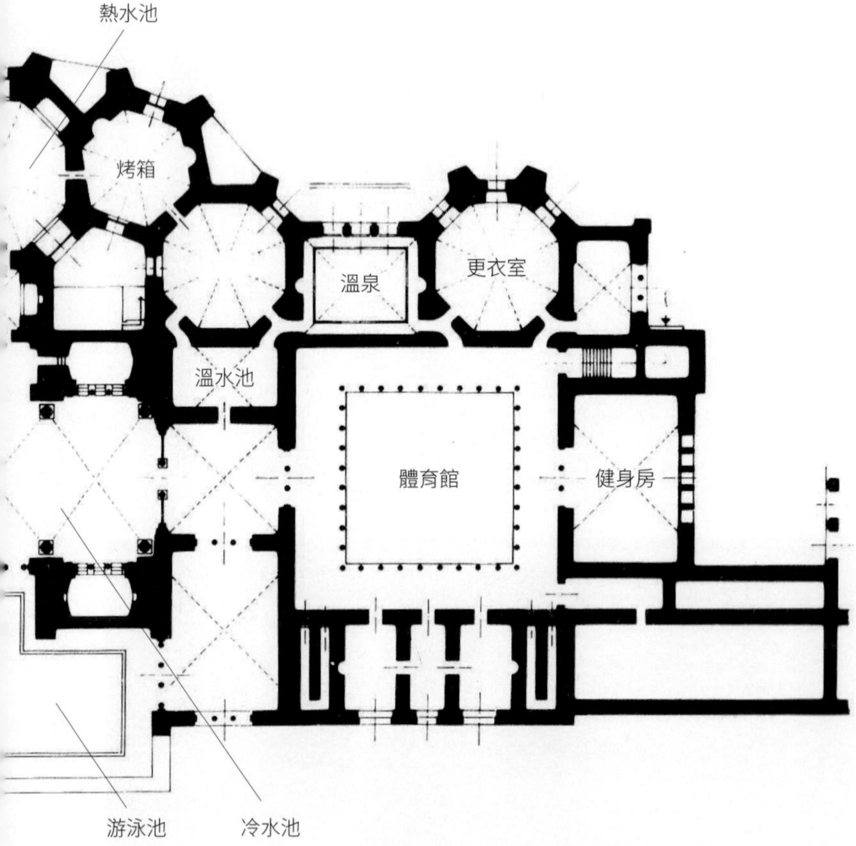
熱水池
烤箱
溫泉
更衣室
溫水池
體育館
健身房
游泳池
冷水池

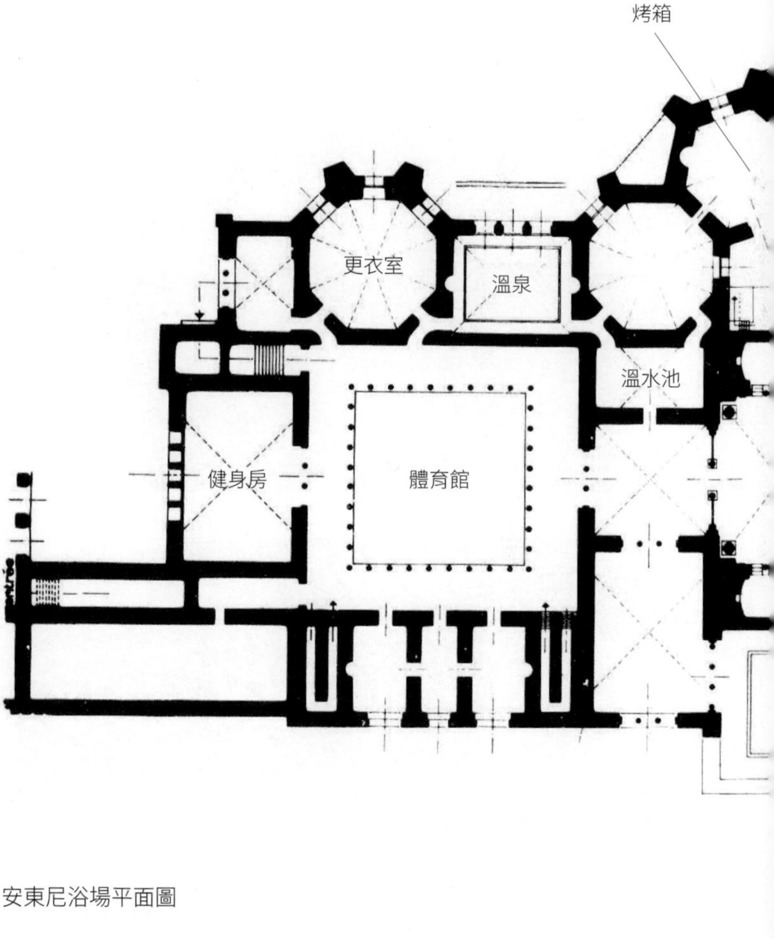


安東尼浴場平面圖

安東尼浴場中的細緻大理石雕刻

安東尼浴場中的大理石雕刻

浴場內部的拉丁文石版（上）與刻有安東尼字樣的三角楣（下）

安東尼浴場的巨大石柱

-63- 安東尼浴場

# 比塞大
# Bizerte

## 突尼西亞最北端的城市

一提到非洲最南端，許多人馬上能說出「好望角」(Cape of Good Hope)，但要是問到非洲的最北端，大概就沒有幾個人能回答了。當我們來到比塞大，這座突尼西亞最北端的城市時，只要再往北走個十幾公里，就會抵達非洲的最北端——Cape Angela，當我第一次前往該地時，我跟突尼西亞的導遊說你們應該要在這裡興建紀念碑，如同南非在好望角興建紀念碑一樣，三年後突尼西亞政府果然興建非洲最北角紀念碑，只是當地司機往往也找不到路就是了。比塞大自古以來就是個繁忙的港口城市，以運河連接內陸的比塞大湖和外面廣闊的地中海，古老的老城街道裡藏著庶民的一般生活，五顏六色的船隻停泊在港口內，與河岸的美麗房子相互輝映，這裡也有沉穩古樸的城堡以及有趣的市集，為地中海增添美麗的色彩。

早在西元前一一〇〇年左右，腓尼基人就於此處建造了港口，用於海上貿易，甚至在布匿克戰爭期間，這裡被許多迦太基將軍徵用（包括十分有名的漢尼拔將軍），成為當時的軍用港口之一。西元前一四九年，羅馬占領了比塞大，在奧古斯都(Imperator Caesar Divi filius Augustus, 63BC–14BC)統治期間，這裡被建造成一座繁榮的都市，和羅馬其他城市有頻繁的貿易往來，從羅馬時期留下的馬賽克畫作中，可以窺見當時羅馬人在比塞大生活的樣貌。之後比塞大又陸續被阿拉伯人、西班牙人以及法國人占領，最終於一九六三年回到突尼西亞人手中。

來到比塞大首先會被法式建築所吸引，這座城

比塞大的運河

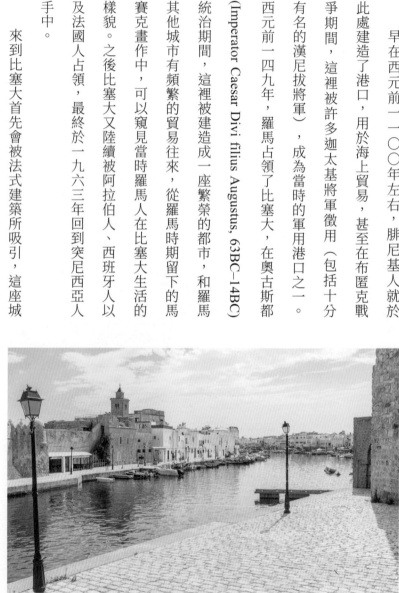

市怎麼會有如此多新古典式建築呢？經過運河來到阿拉伯老城區時，靜止如鏡的海水常常讓愛攝影的朋友無法移動腳步。此外，比塞大的市集充滿活力，新鮮的漁貨以及蔬菜水果都讓人印象深刻，當地人還非常喜愛吃一種辣椒醬三明治，冬天時吃一份三明治，身體就會有暖暖的感覺。旅者對於老城的歷史感與當地的生活往往感到難以忘懷。

## 法國人的最初與最終

十九世紀時，西方列強紛紛在非洲擴展各自的勢力，寄望汲取這片土地上的財富來餵養自己的國家。一八三〇年，法國占領阿爾及利亞，為了擴大在北非的勢力，法國決定將手伸向突尼西亞，在一八八五年的時候拿下了比塞大。

比塞大是一個非常重要的城市，它距離首都突尼斯非常近，同時把突尼西亞的國土一分為二，讓鄂圖曼帝國無力捍衛突尼西亞西部（靠近阿爾及利亞的領土）。為了師出有名，法國將矛頭指向貝都因人(Bedouin)，貝都因人是逐水草而居的游牧民族，水跟草決定了游牧民族移動的方向。

一八八〇年的冬天，貝都因人來到阿爾及利亞境內的提帕薩（Tipaza）放牧，法國政府將貝都因人的遷徙說成「軍隊入侵」，於是開始攻打突尼西亞。法國軍隊長驅直入，當時突尼西亞的統治者穆罕默德三世．阿勒．薩迪（Muhammad III as-Sadiq，1813–1882）在巴杜皇宮簽下了《巴杜條約》（*Treaty of Bardo*），條約中規定：法國占領突尼西亞全境，代其實行外交事務，突尼西亞至此成為法國的保護國。

當一九五六年突尼西亞擺脫法國的殖民，正式獨立之後，比塞大作為地中海的戰略要地，仍然被法國政府牢牢握在手中。突尼西亞總統哈比卜．布爾吉巴決定「收復」比塞大，為了達成目的，他派出眾多軍隊前往突尼西亞，雙方在一九六一年發生戰爭，當時的法國學界對於法國和比塞大的戰爭大都抱持批判的態度，因為法國政府在戰爭中做了很多不人道的事情，譬如用鐵絲穿過戰俘的後腳踝，將他們一排一排的拖著走。法國作家沙特認為法國在與比塞大的戰爭中是野蠻的，法國人開始思考：法國是一個文明的社會嗎？如果法國是文明的社會，為什麼會對戰俘做出不人道的行為？又為什麼會放置炸彈波及無辜之人？也許法國並沒有那麼文明，當爆發戰爭的時候，法國人跟野蠻人其實是差不多的！

最後在聯合國的壓力下，法國於一九六三年將比塞大還給突尼西亞。雖然哈比卜．布爾吉巴成功收復國土，但也有人認為哈比卜．布爾吉巴的舉動只是為了收回軍權，在比塞大的戰役後，哈比卜．布爾吉巴終於獲得整個國家的控制權。目前在比塞大還建有類似忠烈祠的地方，記載著人類殘忍戰爭的過往。

比塞大街景

NEDRA
11910 TG
BI 6405

# 布拉雷吉亞 Bulla Regia

## 藏於地下的豪華別墅

布拉雷吉亞位於突尼西亞西北方，一八七七年法國公司開始修建從突尼斯到麥傑爾達(Medjerda)河谷之間的邊界鐵路。一八七九年，鐵路到達邊界附近的詹杜巴(Jendouba)鎮，結果意外發現了布拉雷吉亞遺址。

布拉雷吉亞最初是柏柏爾人的小村莊，之後受到腓尼基人統治，在第二次布匿克戰爭的時候成為努米底亞王國(Numidia, 202BC–40BC)[1]的領土，最後於西元前四六年被納入羅馬的版圖之中，雷吉亞(Regia)為皇家的意思。在一至三世紀期間，布拉雷吉亞因為成為羅馬帝國小麥、穀物、葡萄和橄欖主要的生產商和供應商而繁榮起來。受到羅馬統治的影響，布拉雷吉亞乍看之下似乎與其他羅馬城市一樣，羅馬大道、神廟、劇場一個都不少，但當你一探羅馬人留下的豪宅遺跡時，會驚訝地發現：當時有錢的羅馬人居然把房子蓋在地下?!

1 努米底亞王國為柏柏爾人在北非建立的國家，以強大的騎兵聞名，在布匿克戰爭中倒戈羅馬，為迦太基戰敗的原因之一，之後成為羅馬帝國的行省。

在布拉雷吉亞的羅馬遺跡當中，最為著名的就是地下別墅，第一層與一般羅馬古蹟無異，但比較大戶的人家通常會有地下的中庭與休憩的場所。許多馬賽克考古大多都是在地下樓層進行，目前仍有約三百五十個尚待挖掘的馬賽克。

旅者可以在兩棟十分出名的地下別墅中了解布拉雷吉亞的建築，並觀賞非常精美的馬賽克，一棟是「狩獵者之家」(House of the Hunt)，其中央有一座天井，方便陽光灑入及空氣流通，地上有保存完好的馬賽克。考古學家通常以馬賽克的特徵來命名該棟房子，因為冬季是北非居民狩獵的季節，這棟房子即因地上的狩獵馬賽克而得名。狩獵者之家中廁所與浴室分離，顯示兩千多年前

狩獵者之家的房間

的羅馬人在家中即有衛浴設備，不見得要使用公共浴場；另一棟則是「安菲特里忒之家」(House of Amphitrite)，中庭以天窗採光、通風，布拉雷吉亞最著名的安菲特里忒馬賽克就在此，馬賽克中心人物即是安菲特里忒 (Amphitrite)[2]，旁邊分別有丈夫海神波賽頓以及房屋主人，下方則是騎乘在海豚上的丘比特 (Cupid) 拿著鏡子照向自己。學者認為安菲特里忒的馬賽克製作受到基督教文化的影響，故安菲特里忒的頭頂有類似光環的處理方式，也見證著基督教慢慢地在北非以及柏柏爾人的地區流行起來。

2 希臘神話中的海洋女神，是海神波賽頓的妻子，神力強大。

狩獵者之家的天井

安菲特里忒之家中的安菲特里忒馬賽克（局部）

布拉雷吉亞精美的馬賽克

許多旅者也許和筆者有相同的問題，那就是為什麼布拉雷吉亞的居民，想要把房子蓋在地底下呢？許多學者從避難的角度來思考，認為布拉雷吉亞的地下房屋應該和土耳其卡帕多奇亞(Cappadocia)的地下城市類似，皆為基督徒為逃避異教徒追殺所興建。其實學界到現在仍未有定論，但我們猜想可能和當地的氣候有更直接的關係，布拉雷吉亞在夏季的時候十分炎熱，溫度高達近四十度，於是當時的羅馬富豪們便從中庭(villa)向下開挖，在地下挖出中庭、飯廳、房間等等另外的住宅空間，作為避熱之地。

另外有些旅者也會問到，在突尼西亞的瑪特瑪它(Matmata)，當地的柏柏爾人建造所謂的穴居屋，布拉雷吉亞的地下豪宅與柏柏爾人的穴居屋是否有所關聯？目前，我們只能說兩者都是面對高溫氣候，所發展出來抗高溫的建築方式。雖說努米底亞人就是柏柏爾人的祖先，實際上就建築的方式來說，布拉雷吉亞的建築技巧比目前瑪特瑪它的穴居屋好太多，建材的種類也較多，也就是兩千年前的建築方式遠優於目前的建築方式。因此，筆者認為兩者都是因應高溫氣候所發展出來的建築方式，有趣的是它們都是蓋在地下罷了！

順著羅馬大道散步還會發現羅馬劇場以及主神殿，奧古斯丁曾沿著羅馬大道來到布拉雷吉亞，當時他要前往迦太基城讀書，對於這座山間小城，他驚嘆地說該城市的劇場是永遠不會停止表演的，整座城市充滿喧鬧與抱持活力，而這其實是跟羅馬興建北非的交通網有關，布拉雷吉亞就位處在亞特拉斯山間的羅馬交通網上，從奧古斯丁的故事裡，我們可以得知當時這座城市是如何的繁榮，而羅馬大道又是如何讓旅者快速往來，展現了北非城市的羅馬化。

嚴格說，居住在布拉雷吉亞的居民也不算是羅馬人，只能說當地柏柏爾人在被羅馬統治的過程中逐漸「羅馬化」。考古學家在此處找到一些迦太基時期遺留下來的石雕、祭品，以及努米底亞人的雕像。雕像顯示努米底亞人雖然穿著羅馬

布拉雷吉亞的羅馬劇場

人的長袍，但是眼睛非常的大並非羅馬人的樣貌，再者蓄有捲翹的鬍鬚與羅馬人並不相同。由此可以看出，布拉雷吉亞的居民原本是居住在北非的原居民，在羅馬統治之後深受羅馬文化影響。從考古挖掘出來的雕像、半穴居的建築以及彎彎曲曲的羅馬道路都顯示她是個努米底亞的城市，在經歷羅馬政治文化的薰陶之下，逐漸成為羅馬帝國的一份子，見證著在北非的羅馬和平時期。

迦太基時期的信仰石碑

羅馬時期的雕像

# 杜加 Dougga

## 保存完好的羅馬城市

杜加坐落於海拔八百多公尺的高山上，目前挖出來的遺址占地大約六十五公頃，因地處偏僻而免於遭受破壞，在杜加可清楚觀察迦太基人、努米底亞人、羅馬人留下的古蹟，因此在一九九七年時被聯合國教科文組織列入世界遺產中。

開著車往山上前進，兩旁是一望無際的橄欖樹和麥田，首先映入眼中的，是位於杜加城右上方山頭的巴爾．哈蒙神殿。巴爾．哈蒙是腓尼基的主神，屹立於山頭上的巴爾．哈蒙保佑杜加不受到災害及厄運的侵擾。對我來說北非第一漂亮的古城是阿爾及利亞的傑米拉(Djemila)、第二名是利比亞的古城大來普提斯(Leptis Magna)，杜加應該是整個北非第三漂亮的古城，也是突尼西亞最漂亮的古城。

## 階級分明的羅馬劇場

進到杜加，迎面而來的是巨大的羅馬劇場，這個劇場大概可以容納兩千五百人到三千人左右。在當時，劇場容納人口跟城市人口的比例大概是一比十，所以大概有兩萬到三萬的羅馬人居住在杜加。杜加的羅馬劇場有兩個出入口，一個位於劇場下方靠近舞臺區，主要提供市民官、貴族等進出；另一個位於劇場的最上方，讓平民百姓使用。除此之外，若是仔細觀察劇場內半圓形的座位區，會發現有些位子後方有加高的擋板，這些是官員和貴族們的指定席（通常稱呼它為VIP區），後面的座位則是一般公民或者較高級的奴隸的位置，展現羅馬社會的階級分明。

繞到劇場後面，有一個後臺區，方便演員更換衣服、進行布景搭建等活動進行，此處也可以讓提詞者幫助舞臺上的演員們順利完成演出。走到劇場的最上方，往下可以看到綿延的麥田，到四月時，這裡更是一片綠油油的美麗景觀。看著這片麥田，不難發現為什麼羅馬人要殖民北非，北非是羅馬人非常重要的糧食生產地，杜加一開始只是羅馬帝國的軍事殖民地（colony），之後發展為糧食重鎮，大約在三世紀時成為自由市後更是蓬勃興盛起來。

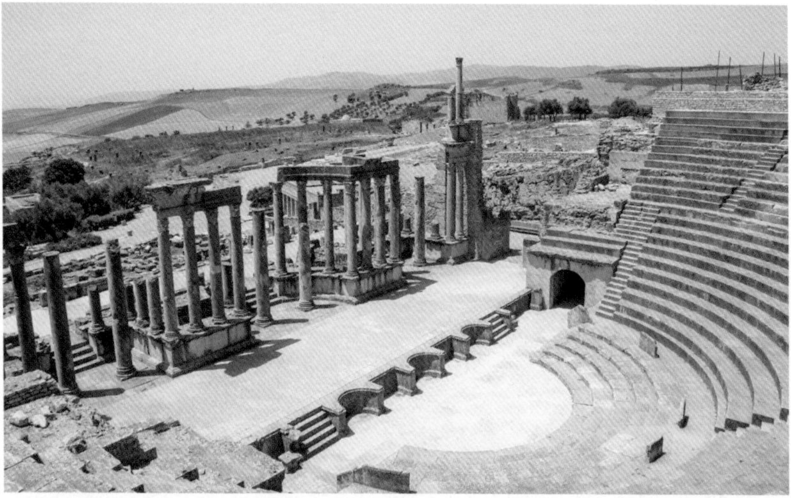

杜加羅馬劇場的兩個出入口，上圖為靠近舞臺區的貴族專用出入口，下圖為劇場上方提供平民百姓使用的出入口。

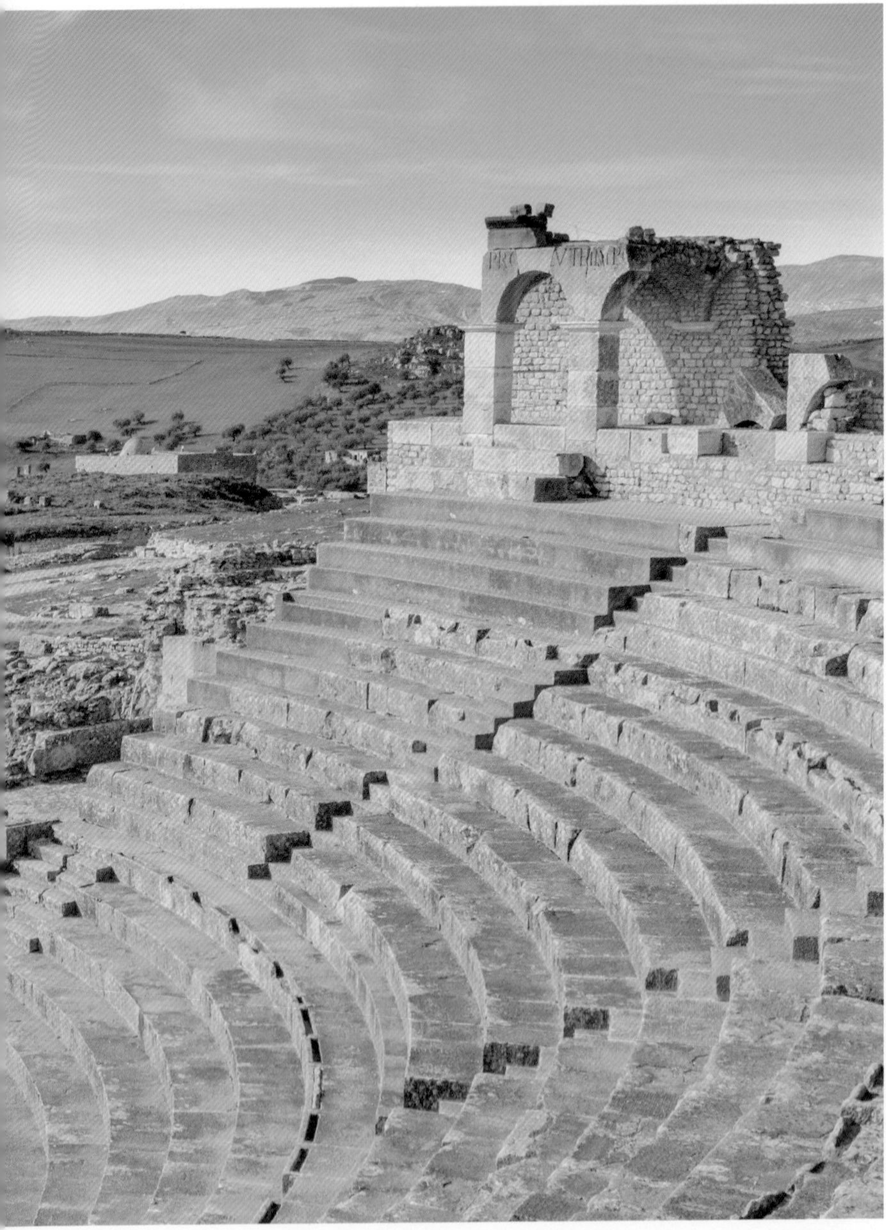

## 杜加古城的蛋黃區

離開劇場後，我們會踏上由石板鋪設，寬三點五公尺的羅馬大道，在這些石板下面，有非常完整的地下排水系統。羅馬大道的前方會出現一個很大的廣場——風之廣場 (Square of the Rose of the Winds)，在廣場的地板上刻寫出各種風向的名稱，每當人們需要知道風的方向時，就可以藉由地板上的方向來得知風的資訊，例如：西南風在羅馬時代就被稱為「阿非卡努斯」(Africvs)，估計在羅馬時期因為農耕發展，當地居民也有氣象與曆法的需求。

廣場地板上刻著 “Africvs”

風之廣場的右手邊，有一個小小的清真寺，旅者可能很難想像該羅馬古蹟實際上到一九六〇年代，古城裡面都還有人居住，突尼西亞共和國建立後政府才讓當地居民離開古城搬到城市。而風之廣場的右手邊，還有一個巨大的主神殿 (Capitol)，主神殿屹立在整座山最高的地方，象徵著羅馬的影響來到最高峰，杜加的居民把城中最高的地方給了羅馬人的主神朱比特[1]、朱諾[2]和蜜涅瓦[3]。主神殿有著標準的三角楣和科林斯柱頭，也有羅馬的單面式階梯，但因為神殿蓋在山頭上，羅馬神殿前的市場 (Argora) 也因地制宜的轉了個一百八十度的大彎，和其他羅馬城市的神殿不太一樣。

而在主神殿的右手邊，有個努米底亞時期的地基和占地廣闊的市場，根據考古學家的研究，該地基應該是屬於馬斯尼薩 (Masinissa)[4] 的神殿，大概於西元前一、兩百年時建造。市場則是羅馬時期城市必備的公共設施，除了一般物品買賣的功能外，還有公共議題宣布、舉辦獻祭儀式時

1 相當於希臘神話中的宙斯 (Zeus)，掌管天空與雷電，為眾神之王。
2 相當於希臘神話中的希拉 (Hera)，掌管婚姻與家庭，為宙斯之妻。
3 相當於希臘神話中的雅典娜 (Athena)，掌管智慧、戰爭與司法，從宙斯頭部誕生，為宙斯之女。
4 努米底亞王國的首任國王。

杜加主神殿

都會在該市場進行。提到羅馬人的獻祭，羅馬認為階級不同所要獻祭的物品也不同，例如護民官可以獻祭牛、公民獻祭的是羊、再窮一點的人民則獻祭雞。

當時住在主神殿附近的都是貴族，可說是杜加的高級住宅區，在杜加高級住宅區的附近，有一個被稱為「杜加之窗」(Dar Lacheb) 的遺跡，因巨大的門框得名。學界對「杜加之窗」主體建築的功能尚無定論，一種說法是「杜加之窗」是一座神殿，持贊同態度的學者認為因為建築有大門、很大的室內空間，室內也沒有再分割成更小的房間；持反對意見的學者認為考古並沒有在「杜加之窗」裡找到任何神像蹤影，在實證史學的論證下法國考古團隊僅稱之為「不知名的神殿」。另一種說法則認為，這裡是羅馬人販售奴隸的地方，因為每個羅馬古蹟都會有販賣奴隸的市場，正好杜加並沒有發現販奴市場，有學者假設該地正是杜加的販奴市場。「杜加之窗」到底用途為何目前無法確定，但筆者可以告訴您一個可以考證的事實，從「杜加之窗」的窗戶取景，是拍攝主神殿最棒的角度！

從杜加之窗望向主神殿

## 杜加古城的浴場

在杜加古城已經有上城區、下城區的分別，在上城區內有著屬於上城區的浴場（Licinian Baths），同樣地下城區也有著屬於自己的浴場。在進入浴場之前，您一定要先看一下對面的房子。在房子上有一個男性生殖器官的符號，代表這裡是羅馬時期的妓院，整個妓院的空間規劃是一個中庭，四邊為一個一個的小房間，那時候的羅馬人常把妓院和浴場規劃在一起。

轉身進入浴場，首先會經過一個像是隧道的通道，上方是由一節一節的陶管連接而成的拱，這些拱是運送水蒸氣前往熱水池加熱用的。因為上城區的居民皆是有身分地位的人，在上城區的浴場裡設有健身房、小型劇場等，方便羅馬人互動交流。

往下城區的方向前進時，我們會經過杜加城裡最大最豪華的住宅——三葉草之家（House of Trifolium），裡面有噴水池和許多房間，考古學家對這間房子的用途有兩種看法，一派認為這裡應該又是妓院，誰家沒事蓋這麼多房間？考古學家猜想應該是商業用途，而不是自宅，但是在這裡沒有發現男性生殖器的符號，所以另一派的考古學家就認為既然沒有符號就應該不是妓院，誰規定有錢人不能擁有很多個房間？這個問題至今依舊沒有結論。

離豪宅不遠處，就是下城區的浴場 (Baths of Cyclopes)，這個浴場觀看的重點，正是它的「廁所」！在環狀的椅子上有十四個洞（也就是馬桶），前方的地板上有一條淺淺的溝，這條溝裡會有水流動，方便羅馬人如廁後清洗（他們會用棉花球沾水後擦拭清潔）。

## 珍貴的尖塔陵墓

接著我們往後山走去，後山有非常非常多的橄欖樹，大概十月的時候，是橄欖採收的季節，突尼西亞人會在地上鋪墊子，接著輕輕敲打橄欖樹，讓橄欖從樹上脫落。在後山，有一座尖塔陵墓 (Libyco-Punic Mausoleum)，學者又會稱它為利比亞布匿克紀念碑，該型陵墓全世界只剩下兩座，其中一座就在杜加，另一座則是在利比亞的大來普提斯。這樣的建築造型最早應該可以追溯到希臘化時代有著世界七大奇景美稱，其中位於今日土耳其西南方波德魯 (Bodrum) 的摩索拉斯王陵墓

三葉草之家（上）和下城區浴場的廁所（下）

(Halicarnassus Mausoleum)。此建築技術可能是透過迦太基的海上貿易而傳入北非，當迦太基文化成為北非主流後，影響了當地的利比亞人（libyan，原住民之意），於是興建了這種王室墓穴。因此，該尖塔最重要的意義在於當迦太基文化是主流文化時，當地的居民接受迦太基的神明、建築、喪葬的形式；當羅馬成為當地主流文化時，居民也開始去浴場、上神殿等接受羅馬人的生活方式。

就建築的角度來看，尖塔造型如同埃及的金字塔，另一方面尖塔上存在著許多假門，這些都可以看出利比亞布匿克紀念碑受到埃及文化的影響。另一方面，尖塔上有些戰馬裝飾的石雕，似乎也在訴說著利比亞是個多麼擅於利用馬的民族；考古學家們也在這裡發現大量的利比亞文字，證明傳統北非原住民有其自身的文字與語言。只是這座尖塔陵墓在一八四二年時遭到破壞，當時英國駐突尼西亞領事湯馬仕．雷德 (Thomas Reade, 1782–1849) 為了拆除裝飾在陵墓上的皇家銘文，於過程中嚴重損壞了尖塔陵墓。現在眼前的這座陵墓，則是法國考古學家路易斯．龐索 (Louis Poinssot, 1879–1976) 於一九〇八年時，在突尼西亞政府的幫助下，花了兩年的時間，利用散佈在周圍的碎片重現後的樣貌。而被拆卸下來的皇家銘文，則被運到了英國大英博物館 (British Museum) 中存放，現在要是想看尖塔陵墓上的碑文，也只能前往大英博物館啦。

位於後山的尖塔陵墓

開羅安
Kairouan

# 伊斯蘭教的第四座聖城

開羅安位在突尼西亞的中部，從杜加前來大約需要兩個半小時的時間。來到開羅安，可以感受到整座城市洋溢著濃厚的宗教氛圍，這裡同時也是伊斯蘭教非常重要的根據地。為什麼開羅安會與伊斯蘭教有如此深的淵源？這就得從伊斯蘭勢力的拓展說起，伊斯蘭教起源於阿拉伯半島，在四大哈里發時期 (Rashidun Caliphate, 632–661) 征服埃及，更在伍麥葉王朝 (Umayyad Caliphate, 661–750) 時期逐漸將軍事勢力推進到北非全境。開羅安就是在伊斯蘭勢力往外擴張時，建立的第一個宗教與軍事核心城市，因此在開羅安的市中心擺放著一艘船艦的錨，在這座不靠海的城市裡，象徵的即是伊斯蘭文化在此定錨。因此，突尼西亞人普遍認為開羅安就是伊斯蘭教的第四大聖城[1]。伊斯蘭教到底是如何進入北非的呢？就讓筆者帶您深入了解一下。

1 伊斯蘭教三大聖城為麥加 (Mecca)、麥地那 (Medina) 以及耶路撒冷。

## 先來一座清真寺吧！

穆罕默德出生於麥加，在七世紀時創立伊斯蘭教，並開始在麥加傳道，沒想到因為宣揚一神信仰而遭到麥加當權者的迫害，於是穆罕默德逃離麥加來到了麥地那。之後，穆罕默德以麥地那為基地發展勢力，更訂立了麥地那憲章，將各種信仰、階級、種族的人凝聚成社群（Ummah），建立一個伊斯蘭社會，並隨之向外擴張。

但穆罕默德沒有指定繼承人便過世了，穆斯林決定推舉有德者成為領導人，稱為「哈里發」（Caliph，真主使者的繼承人），至此，伊斯蘭進入四大哈里發時期[2]。在這期間，阿拉伯人逐漸開拓政治版圖，攻下了敘利亞、埃及、波斯等地，成為新興的強大政權。

六六一年，穆阿威雅（Muawiya, 606–680）建立伍麥葉王朝，積極地向外擴張，逐步朝北非前進。

2 四大哈里發分別為阿布巴卡（Abu Bakr, 573–634）、奧馬爾（Umar, 591–644）、奧斯曼（Uthman, 574–656）以及阿里（Ali, 601–661）。

伊斯蘭帝國的軍隊在擊敗了拜占庭軍隊後，於開羅安建立了北非第一座穆斯林城市。

對於征服開羅安的將軍烏克巴 (Uqba bin Nafi, 622–683) 來說，最要緊的事情，就是趕快建造一座清真寺！因為穆阿威雅曾經下令，每當征服一個新地點，要做的第一件事情就是建造清真寺。於是，烏克巴大手一揮，指揮眾人建立了開羅安大清真寺 (Great Mosque of Kairouan)。

沒想到開羅安大清真寺剛完成不久，便被當地反抗的柏柏爾人摧毀，直到七〇三年才重新建立起來。現在矗立在大家眼前的開羅安大清真寺，雖然經過不同年代的增建，但大致上保留了七世

開羅安大清真寺

紀左右的建築風格，可說是馬格里布地區[3]最古老、保存最完好的宗教建築之一。

## 那一座大清真寺

開羅安大清真寺為四邊形的建築，四面的石牆十分厚實，可以發揮良好的防禦作用。四面牆圍繞出來的前庭 (fore court) 鋪滿了大理石，旅者可能看不太出來，但前庭有一個非常巧妙的設計：微微傾斜的地面，前庭的地面由四方往中央

3 在六八一年到七〇二年之間，阿拉伯人以突尼西亞為基地西進，相繼征服現在的阿爾及利亞、敘利亞及摩洛哥，於是阿拉伯人稱呼突尼西亞以西的地區為「馬格里布」(Maghreb)，為西方土地之意。

前庭中央的排水系統

傾斜，並在中央設置了排水系統，這樣，一但遇到下雨天，也不用擔心積水的問題，隨時可以保持前庭的乾爽。

站在前庭，第一個映入眼中的，絕對是高聳的喚拜樓(Minaret)。喚拜樓是一座清真寺不可缺少的部分，對於穆斯林來說，喚拜樓肩負提醒他們禱告時間的重責大任，畢竟，穆斯林一天要進行五次禱告。但無時無刻注意時間也有點麻煩，因此在進行禮拜之前，喚拜人會登上喚拜樓呼喚附近的穆斯林，提醒他們前來清真寺禱告。既然提到了喚拜人，當然不能漏掉與他習習相關的東西——日晷。日晷就設在前庭的一角，方便喚拜人藉由日晷的變化來確認時間，準確的提醒穆斯

清真寺的喚拜樓與前庭的日晷

林們：「禮拜時間到啦！」

開羅安大清真寺的喚拜樓高達三十一公尺，充滿了馬格里布地區的特色，外觀為四角形，靠近細看，可以看到牆面上雕有精美的花紋，更有趣的是，我們還能在牆上發現刻有拉丁文的石磚！這是因為當初在建造開羅安大清真寺時，阿拉伯人從四周的羅馬古城運來了不少石材，運用在清真寺的各個角落。馬格里布式的喚拜樓本來是羅馬時代的瞭望塔，直到伊斯蘭勢力進入馬格里布地區之後，才將羅馬的瞭望塔改為清真寺的喚拜樓，兼具防禦的性質。這座喚拜樓雖然經歷過多次的整修，但整修者並沒有改動它的外觀和結構，因此非常具有歷史價值。

清真寺喚拜樓的大門

每逢周五時，穆斯林可以攀登至塔頂參拜，上不去也不要緊，讓我們一起來想像一下，當你爬完一百二十九級的樓梯後，出現在你眼前的，除了喚拜樓頂端的圓頂結構外，更能將四周的景色盡收眼底。

前面提到，阿拉伯人在建造開羅安大清真寺時，使用了很多羅馬古蹟的石材，因此旅者可以在清真寺內找到各異其趣的建築細節。這樣的現象在拜殿中尤其明顯，據說阿拉伯人使用了五百根以上的羅馬石柱，其中的四百一十四根就在拜殿中，仔細找找，說不定還能在柱子上找到十字架的符號呢！（偷偷給個提示，當你面對拜殿時，往左邊的柱頭上看看，或許可以發現柱頭上的秘密。）

清真寺拜殿

各式各樣的羅馬柱

旅者可能會好奇，為什麼一間拜殿要用到四百多根石柱？這是因為早期阿拉伯人在建造房屋時，會利用多柱加上圓拱的設計來分散屋頂的重量，不過這樣的建築型態在圓頂普及了之後，就逐漸消失了。但開羅安大清真寺的多柱型結構保留至今，成為聯合國教科文組織將它認定為世界遺產的原因之一：完好的保存了早期伊斯蘭的建築特色。

雖然非穆斯林無法進入拜殿，但沒關係，讓筆者來簡單介紹一下：拜殿裡面有宣道臺(Minbar，原意為臺階)、壁龕(Mihrab)和祈禱室(Maqsura)，其中宣道臺為阿拔斯王朝統治時期所建。繼承了伍麥葉王朝的阿拔斯王朝(Abbasid Caliphate, 750–1258)將政治中心設立在巴格達（位於今日伊拉克境內），由於距離北非過於遙遠，因此對北非當地的影響不大，現在會提到的，也就是開羅安大清真寺的這座宣道臺了。這座建造於九世紀的宣道臺以大量刻有果實、幾何圖案的木塊組成，數量高達三百多片，風格細膩，也是伊斯蘭世界保存至今最古老的宣道壇。

宣道臺隔壁就是壁龕，位於拜殿南牆的正中央，指示著朝拜——也就是麥加的方向。這座精美的壁龕年代久遠，可以追朔到九世紀的阿赫拉比王朝(Aghlabids Caliphate, 800–909)。因為阿拔斯王朝對馬格里布地區的控制力度不強，在八〇〇年時開羅安的總督伊布拉辛(Ibrahim ibn al-Aghlab,

756–812）拒絕向阿拔斯王朝納貢，自行建立了阿赫拉比王朝，並將首都建立在開羅安，使開羅安成為馬格里布地區軍事、行政和宗教文化的重心。

這座壁龕呈現內凹的造型，上方以繪有花卉、植物和幾何圖案的漂亮磁磚作為裝飾，下方的牆面則以二十八塊精雕細琢的白色大理石組成，這些白色大理石上面一樣刻有花卉、植物以及幾何圖案，有些部分甚至設計成鏤空的樣子，十分美麗。因為伊斯蘭教不允許偶像崇拜，因此在建築裝飾上，穆斯林都以花卉、植物、幾何圖案以及阿拉伯書法等來表現。

至於祈禱室，可不是人人都可以進去的。這間興建於十一世紀的祈禱室是專門準備給皇室貴族和

重要人士使用的，將他們和平民百姓區隔開來，保障他們的隱私權。

## 想念書？來開羅安就對了！

許多愛旅行的朋友常常離開突尼西亞後繼續前往摩洛哥旅遊，他們通常都會遇到相同的問題：為什麼突尼西亞跟摩洛哥的清真寺都大同小異呢？關鍵就在於阿赫拉比王朝時期，這時候的開羅安成為北非的學術中心，北非的學生除了前往麥加學習以外，來到開羅安也可學習伊斯蘭的宗教知識，而開羅安大清真寺便是當時的學術重鎮。另外，伊斯蘭內部有四大法學派，開羅安正是馬利基學派(Maliki)

的根據地，這也造成馬格里布地區的法學派幾乎都以馬利基學派為主。

開羅安大清真寺除了開設宗教與法學課程外，也有開設醫學、數學、天文學等等各類學科，清真寺內部更有豐富藏書，因此聲名遠播。在學生們完成學業回到故鄉之後，自然而然地把開羅安的知識帶回家鄉，進而影響了當地的文化。

但好景不常，在十世紀的時候，北非興起一股什葉派的旋風，由於阿拔斯王朝無力控制，使得什葉派的傳教士大量進入北非，結合北非柏柏爾人的部落——庫塔瑪 (Kutama) 後，在阿卜杜拉．馬赫迪 (Abdallah al-Mahdi Billa, 873–943) 的率領下，打敗阿赫拉比王朝，於九〇九年建立法蒂瑪王朝 (Fatimid Caliphate, 909–1171)，成為突尼西亞的統治者。

法蒂瑪王朝統治初期，曾遭開羅安當地遜尼派的居民反對，再加上統治者也不想花時間管理以遜尼派為主的開羅安，因此先將首都遷往馬赫迪耶 (Mahdia)，並在法蒂瑪王朝的軍事力量拓展到埃及後，在九六九年將首都遷往開羅。十一世紀時，法蒂瑪王朝為了平息葉門游牧民族對於帝國邊界造成的壓力，另一方面也為了整肅帝國西部的遜尼派勢力，於是放任這些游牧民族洗劫開羅安，造成開羅安甚至是整個北非都處於無政府狀態。直到十三世紀時，在哈夫斯王朝 (Hafsid

Dynasty, 1229–1574) 的統治之下，開羅安才緩慢的恢復生氣·，之後更是在胡笙王朝 (Husainid Dynasty, 1705–1957) 時重登輝煌的地位。

## 那一個大蓄水池

通常旅者都會待在遊客中心的頂樓來欣賞巨大的阿赫拉比蓄水池 (Basins of Aghlabid)，在伍麥葉王朝建立開羅安時，為因應當地乾燥的氣候而建造了儲水設備，以提供逐漸增加的人口穩定的水源，不過這些儲水設施目前都已經看不到了。現在在我們眼前的，是建造於九世紀阿赫拉比王朝的兩座蓄水池，皆以石材打造，遠看雖然像圓形，但大的蓄水

池其實是六十五邊形，直徑有一百二十七點七公尺；小的蓄水池則是十七邊形，直徑為三十七點四公尺。這兩座蓄水池主要的水源來自於馬圭利河 (Oued Marguellil)，因為大、小兩座蓄水池相通，可以藉此來調節水面的高度，當小的蓄水池容納超過一定高度的水量時，多餘的水便會透過濾孔流向大蓄水池，十分便利。這兩座蓄水池不僅能提供穩定的水源，更能調節水量，是十分實用的水利設施。藉由這樣的水利設施，使得年雨量僅約五百公釐的開羅安成為突尼西亞的政治中心。

## 除此之外，開羅安還有

來到開羅安大清真寺旁時，您會發現這裡有一堆墳墓，但不知道墳墓的故事，只好匆匆走過。其實這些墳墓和前面提到烏克巴將軍的後代費德理家族 (Fihrids) 有關，費德理家族和穆罕默德一樣來自古來須部落 (Quraysh)，隨著烏克巴將軍在北非軍事的成功，費德理家族也成為控制北非、甚至西班牙的強大政治勢力。因其雄厚的政治背景，使得他們可以在大清真寺旁邊擁有家族墓園，但是也因為強大的政治背景，不被阿赫拉比王朝的統治者所接受，逐漸把他們趕往摩洛哥地區，當您前往摩洛哥的費斯(Fies)時，會發現這裡也有開羅安區，實際上他們都是因為政治迫害而遷往費斯的費德理家族。

來到開羅安，也可以逛逛當地的市集，我非常喜歡早上的時候前往開羅安的市集，早上的市集洋溢著滿滿的活力。在開羅安筆直的街道上有許多的糕點店，我最喜歡一種叫做馬克魯德(Makroudh)的甜點，內餡是由椰棗膏製成，外層裹上麵皮後油炸。全突尼西亞最好吃的馬克魯德就在開羅安，所以馬克魯德又被稱為開羅安糕。當你在糕點店前挑選馬克魯德時，旁邊常常會有飛行物繞來繞去，這時候千萬不要用力打下去，仔細看一下，這些昆蟲是蜜蜂而不是蒼蠅啊！以

開羅安大清真寺旁的墓園

前有客人還因為拍打蜜蜂，手腫了好幾天呢！在市集裡，有一間被稱為"Bir Barrouta"的屋子，屋子裡面有一口由駱駝負責取水的井，傳說這口井的水和麥加城內神聖的滲滲泉(Zamzam Well)相通，因此，穆斯林相信這裡的泉水如同麥加滲滲泉的泉水一般，只要喝下開羅安滲滲泉水的旅者必將重返開羅安城，我總覺得，就是因為當年不信邪，喝了開羅安的滲滲泉水，才如此頻繁的回到開羅安，算一算，我已經快去開羅安五十次了！

馬克魯德

取水的駱駝

# 史貝特拉
# Sbeitla

## 富饒的羅馬古城

史貝特拉位於突尼西亞的中部，因蜿蜒而過的史貝特拉河而得名。西元一世紀以前只有游牧民族在此活動，直到奧古斯都第三軍團 (Legio III Augusta) 在附近的阿瑪埃達拉 (Ammaedara) 建立城市，並隨著羅馬勢力的逐漸擴張，史貝特拉也成為羅馬拜扎凱納省 (Byzacena) 底下的一區，從此以後，史貝特拉受羅馬文化及基督教文化的影響漸深。

五世紀時，汪達爾人在突尼西亞一帶建立汪達爾王國 (Vandal Kingdom, 435–534)，史貝特拉也被占領，這樣的情形一直持續到五三三年，拜占庭帝國率軍進攻汪達爾王國，將此區重新納入領土。拜占庭帝國在原有的羅馬城市上進行建設，蓋起了防禦碉堡，但這些碉堡也沒能擋住七世紀時阿拉伯人的入侵，此城最終為阿拉伯人所有。

## 為老兵蓋的城市

史貝特拉是座非常典型的羅馬城市，城內為整齊一致的棋盤式規劃。在建造城市時，羅馬人會先確定東西向的中軸道路(decumanus)——這很簡單，看太陽升起的方向就對了，確定城市的寬度後，再設計南北向的道路(cardo)。兩條道路交會處是城市的中心，這裡會有神殿和廣場(forum)，交錯的道路形成一個個街區，劇院、澡堂等公共建築分別安排在不同的區域。前面我們提到，史貝特拉的興建與奧古斯都第三軍團有關，這也是史貝特拉如此「方正」的原因——原來這是一座為羅馬退休士兵蓋的城市。

讓我們先來聊聊羅馬士兵吧！羅馬帝國的士兵分為羅馬公民出身的「軍團兵」(legiones)，以及非羅馬公民出身的「補充兵」(auxilia)，補充兵在服完二十五年的兵役（且沒有戰死），便可以成為羅馬公民。羅馬士兵退休後，可以選擇領取退休金或者一片土地，有些退休士兵會參與新的都市建設計畫，然後定居於此。既然城市的居住者都是退休士兵，你服役二十五年，我也服役二十五年，沒有道理你的房子比我的房子大啊！為了標準一致，史貝特拉在設計上才會如此「方正」，避免這些退休士兵覺得政府大小眼、不公平。

## 一座不夠，我們要三座！

一來到史貝特拉，入口處有一個地圖，通常導遊會在這裡先跟團員們介紹史貝特拉的歷史。在地圖的旁邊有一條羅馬水道，可以看到羅馬水道使用的鉛管，關於羅馬帝國滅亡的原因眾說紛紜，其中有一個，就和鉛管有關。公共衛生學家認為，羅馬人喝的水都是通過鉛管而來，這些鉛毒素在羅馬人身體中日積月累，造成慢性中毒的

羅馬大道

情況，最後導致羅馬人身體衰敗，羅馬帝國滅亡。

雖然剛剛的故事有點沉重，但當你踏上筆直的羅馬大道時，仍會為這座城市的美麗驚嘆。道路的兩旁是規劃整齊的房屋，史貝特拉的遺址保存完善，離鉛管不遠處，就有一座橄欖油工房，裡面製作橄欖油的壓榨機依舊完整。史貝特拉是突尼西亞種植橄欖樹非常重要的一區，生產大量的橄欖油，也因為橄欖油貿易，羅馬統治時期的史貝特拉，是座超級有錢的城市。

如何證明史貝特拉很富有?沿著大路一直往前，穿過紀念羅馬皇帝安東尼的拱門 (The Gate of Antoninus)，矗立在廣場上的三神殿 (The three temples) 清楚的告訴你，史貝特拉真的很有錢！

橄欖油工房

一般的羅馬城市只會有一座主神殿，主神殿裡的三個神龕分別供奉朱比特、朱諾和蜜涅瓦。財大氣粗的史貝特拉要蓋就蓋三座，他們為朱比特、朱諾和蜜涅瓦各蓋了一座神殿，形成三座神殿並立的少見景象，這只有在西班牙的巴埃洛克勞狄亞(Baelo Claudia)可以看到類似的情況。三神殿由左到右分別供奉蜜涅瓦、朱比特和朱諾，其中保存最完好的是蜜涅瓦的神殿，朱比特的神殿則是最大的，同時作為演講臺使用，而朱諾的神殿則是損壞最嚴重的。站在三神殿前的廣場環顧四周，你會看到圍繞的城牆，這是在拜占庭帝國統治時建造的，用意為保護三神殿與廣場。

紀念羅馬皇帝安東尼的拱門

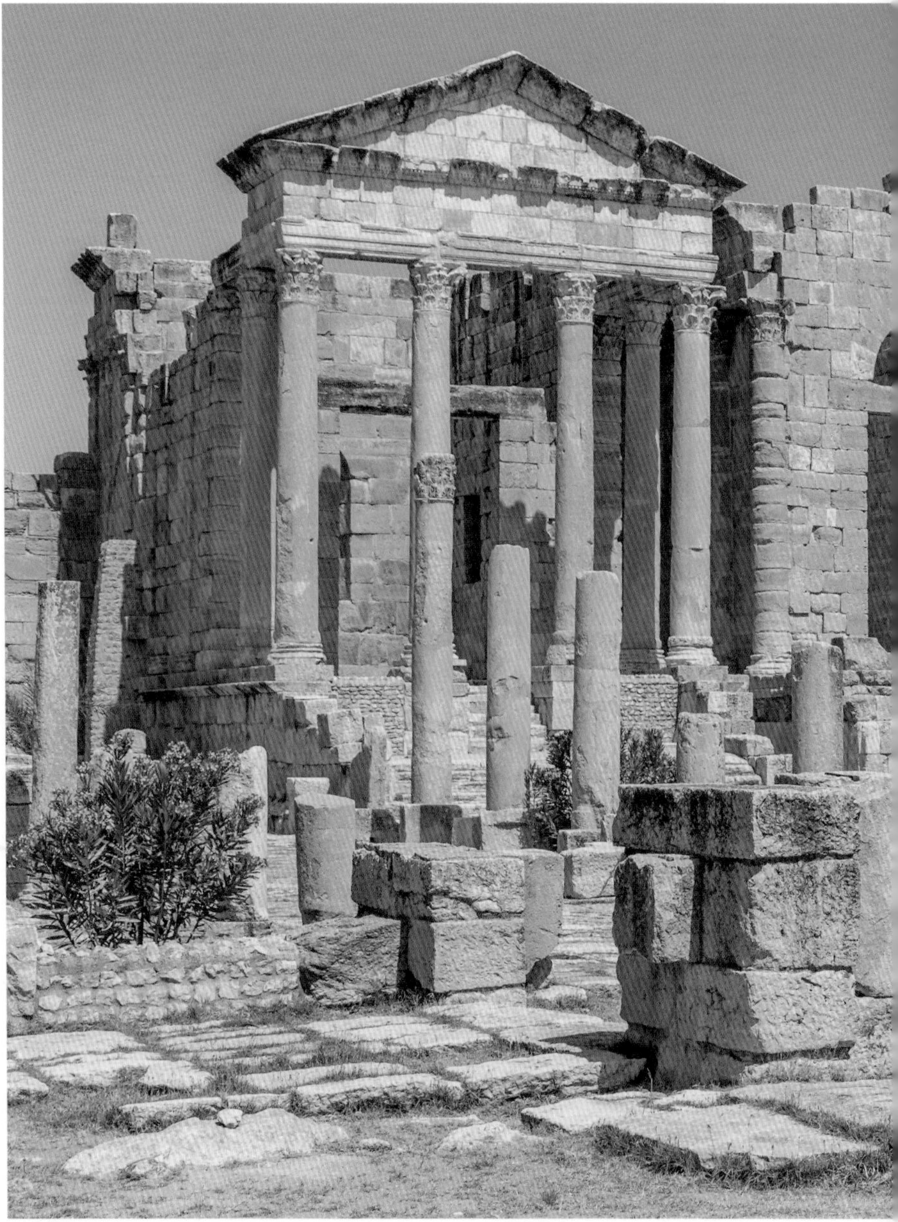

三神殿

## 嚴格的多納圖斯

從三神殿後方繼續走，我們會來到基督徒區，當時在北非盛行的基督教派別是「多納圖斯派」(Donatus)。在一、二世紀時，基督教一度受到羅馬帝國極力打壓，甚至官員會將基督徒丟入競技場中與獅子搏鬥，有些基督徒為了保護自己，只好否認自己的信仰。當四世紀晚期羅馬帝國停止迫害基督教時，這些基督徒希望能重回基督教，但北非的多納圖斯派認為，不應該讓這些「叛徒」再次進入教會中。多納圖斯派主張，當信徒面對迫害時，就是考驗信仰的重要時刻，信徒應該站起來勇敢捍衛自己的信仰，而不是懦弱的逃避，最終天父會將這些慷慨就義的信徒接到神的國度中。

傳統天主教徒則認為，人不可能是完美的，沒有幾個人能像耶穌一樣走在苦路上而毫無怨言，就連聖彼得 (Saint Peter, 1–64) 也曾否認過自己認識耶穌。雖然某些基督徒曾經離開了信仰，只要願意回來，依然還是基督徒。我常和團員開玩笑，如果前女友來找多納圖斯派的前男友復合，恐怕會遭拒絕吧！

多納圖斯派的聲勢日漸壯大，有時甚至會和基督教產生激烈的衝突。在迦太基某一場大公會議中，總共來了八百一十四個人，其中多納圖斯派的主教人數就超過五百個，可以看到多納圖斯派在北非的龐大勢力。因此，在一些村莊中，多納圖斯派的信徒會使用一些小技倆去欺負其他基督徒，例如其他基督徒要受洗的時候，多納圖斯派的信徒就將鑰匙收起來，讓他們無法進入教堂中，兩方的衝突時有所聞。

## 受洗池、教堂與馬賽克

基督徒區有許多教堂，雖然只剩下斷垣殘壁，但依舊可以從高聳的柱子想見當時信仰的輝煌。其中，在維塔利斯大教堂(The Basilica of Vitalis)中，保存了一個十分完好的受洗池。沿著階梯走進受洗池，可以看到代表耶穌基督的「凱樂符號」(Chi-Rho)[1]以及「阿爾法和敖默加」(Alpha and Omega)[2]的馬

1 凱樂符號是由希臘文「ΧΡΙΣΤΟΣ（基督）」的字首Χ(Chi)和Ρ(Rho)組成的複合符號。

2 阿爾法和敖默加是由第一個希臘字母alpha（α或Α）和最後一個字母omega（ω或Ω）組成，出自於《啟示錄》中耶穌說：「我是阿爾法，我是敖默加，我是最初與最終」。

維塔利斯大教堂中的受洗池（上）及受洗池中的「阿爾法和敖默加」（下）

賽克圖案，人們從受洗池出來後，象徵重獲新生。另一個受洗池則貼滿了美麗的馬賽克，羅馬人會將馬賽克貼成波浪形狀，當水注入池子中，平靜的水面在風的吹拂以及陽光的照耀下，產生波光粼粼的感覺，展現羅馬人在設計上的巧思。

有一次，我的導遊（他曾在德國的考古隊工作）告訴我，在祭壇的右前方，仔細看可以看到以馬賽克拼成的「卍」符號，但當你到祭壇的正前方時，會出現另一個馬賽克符號，兩者馬賽克的高度不一，應該是兩個時期的馬賽克拼貼。這類型的馬賽克大量出現在羅馬時期，因此在基督教興起之前，這裡很有可能是一個羅馬浴場。附近一座較小的教堂裡，也有葡萄、酒瓶的馬賽克圖案，

用馬賽克拼貼魚圖案的受洗池

或許在成為基督教教堂之前，這裡是酒神巴克科斯[3] (Bacchus) 的聖殿。

史貝特拉的富裕一直持續到七世紀，當拜占庭帝國無力控制史貝特拉時，史貝特拉的州長格列高利 (Gregory) 企圖反叛，之後阿拉伯人的勢力逐漸入侵，最終在名將祖拜爾 (Abd Allah ibn al-Zubayr, 624-692) 的攻擊下，史貝特拉終於被伊斯蘭帝國控制。但隨著阿拉伯人將橄欖油貿易轉移到伊爾傑，失去貿易作用的史貝特拉漸漸消失在突尼西亞的歷史舞臺上，但來到此處，穿梭在遺址中的我們仍能想像當時史貝特拉富饒的情況。

3 相當於希臘神話中的戴奧尼修斯，為宙斯之子，掌管種植葡萄與釀酒的技術。

用馬賽克拼貼葡萄藤蔓的圖案

# 柏柏爾人
# Berber

## 北非自由的原住民

旅行到突尼西亞東南方的雪尼尼、緬地因跟瑪特瑪它等地，我們即將踏上柏柏爾人的地盤。柏柏爾人是北非古老的原住民，擁有自己的文字、語言、宗教與文化，一開始，柏柏爾並不是這群人的名字，但是在希臘馬其頓國王亞歷山大（Alexander, 356BC–323BC）建立橫跨歐、亞、非三洲的大帝國後，希臘文化如風暴般席捲了整個帝國，希臘人認為不懂希臘文、沒有受過希臘文化薰陶的人是野蠻的，於是稱呼這些人「柏柏爾」（barbari），也就是野蠻人的意思。

隨著西元前一四六年羅馬人的入侵、以及七世紀時阿拉伯人的到來，柏柏爾人的生活範圍逐漸被壓縮，轉而來到突尼西亞的東南方落腳，或者往西前往阿爾及利亞和摩洛哥等地。在西北非地區有非常多的柏柏爾式建築，不論是建在山頂上的山寨式建築，或是挖洞居住的穴居建築，似乎都可以一窺柏柏爾人在外族入侵時，是如何保護自己的。在突尼西亞的東南方，除了可以欣賞到非常多元的柏柏爾建築之外，也可以一步步了解柏柏爾民族的建築、飲食、文化、歷史等面向。

近代以後，柏柏爾人積極的振興族群傳統文化，柏柏爾詩人大量使用柏柏爾文字創作，音樂家也開始使用母語吟唱屬於自己的故事，伊迪爾

柏柏爾婦女使用的織布機

(Idir) 就是重要的音樂家之一，其中最有名的就是《認同》專輯裡「我的小父親」(*A Vava Inouva*)，在歌詞當中，敘述了溫馨的柏柏爾家庭，字裡行間流露出來就是柏柏爾人的家庭結構、男女分工、親子關係與生活方式。藉由文字與詩歌的力量，柏柏爾文化復振運動讓突尼西亞人重新正視這個古老的北非民族。此外，柏柏爾文化復振運動也重新定義「柏柏爾」這個名詞，意指不受到希臘羅馬文化「汙染」的自由人，相較於原本的的野蠻之意，兩者間差異之大，也代表柏柏爾人建構出屬於自己的文化、民族認同。

柏柏爾婦女用來磨細粗小麥的石磨

## 雪尼尼 Chenini

### 在山上挖出一棟房子來

雪尼尼是突尼西亞東南方柏柏爾人口比例最高的村莊，約有九成的居民都是柏柏爾人。從遠處望過去，山上房子層層疊疊的非常吸引人，等走近一看，你會發現原來這些房子是直接挖在山壁上的！

在雪尼尼的地質當中，有軟岩層與硬岩層，兩種石頭分層交錯。柏柏爾人利用這種地質特性來蓋房子，他們挖出軟岩層，留下硬岩層的部分當作房子的屋頂與地板。屋子前都會有個小庭院，柏柏爾人將石頭堆疊起來，隔出廚房、畜養牲口的空間，並且用椰棗樹的樹幹來當作廚房的屋頂。

在雪尼尼村莊中，仍然有少數柏柏爾人住在山寨的古老村莊中沒有離開。坐在家門前的柏柏爾老婆婆，臉上有著象徵平安的美麗紋面，她們會邀請來往的旅客到家中參觀。山壁中的房子有著冬暖夏涼的特色，不論外面天氣有多熱，只要一進入柏柏爾人家中，都能夠感受到微微的涼意。

雪尼尼的房子

雪尼尼的婦女

## 保衛家園的好方法

在雪尼尼的山頂上，設有許多可愛的穀倉，柏柏爾人把貴重的東西都放在這裡。你大概跟我一樣好奇，為什麼柏柏爾人要把穀倉蓋在雪尼尼的最高處？對他們來說，山頂是整個雪尼尼最佳的防衛地點，這群不斷受到其他民族驅趕的柏柏爾人，把最重要的糧食作物放在他們認為最安全的地方。

既然說到了防禦，當然要來看看柏柏爾人如何利用山寨式建築保衛家園。山寨式建築除了讓柏柏爾人可以在制高點觀察敵人的動態之外，整個雪尼尼的道路呈現S型，方便柏柏爾人進行守備，若是不幸戰敗，柏柏爾人會退到山頂，一把火將穀倉燒個精光（最值錢的東西都堆在那裡了），讓敵人在這場戰役中除了死傷，什麼也得不到！這樣一來，敵人就不太願意對柏柏爾人發動戰爭，畢竟打到最後很有可能白費功夫，空手而回。

雪尼尼山頂上的穀倉

## 山頂上的白色清真寺

從遠方眺望雪尼尼時，你會看到一座白色的清真寺矗立在山頂上，在一片黃澄澄的建築中超級醒目，這座清真寺是屬於「伊巴底教派」(Ibadi) 的清真寺。伊巴底教派原本為什葉派分支，但是他們不接受什葉派對於哈里發繼承者的認定[1]，伊巴底教派認為：「不論階級出身，只要德性夠好，就可以擔任哈里發」。因此伊巴底教派脫離當時受什葉派統治的庫法 (Kufa)[2]，轉而往北非發展勢力。

他們在利比亞的的黎波里 (Tripoli) 建立王國，並逐步將教義推展到附近的柏柏爾人部落當中。距離利比亞約兩個半小時車程的雪尼尼，自然也受到伊巴底教派的影響，成為伊斯蘭教的信徒，這座小小的白色清真寺正是柏柏爾人伊斯蘭化的最佳證明。

1 什葉派認為只有穆罕默德的後代子孫能繼任哈里發之位。

2 位於伊拉克境內，為什葉派的四大重鎮之一。

白色清真寺

## 雷蘇丹
## Ksar Ouled Soltane

### 層層疊疊的穀倉建築

來到突尼西亞的東南方，這裡有許多作為貿易驛站的穀倉建築，在土黃色的沙漠中，許多拱形的洞穴層層疊疊，外面設有樓梯，形成兩三層樓高，甚至是四層樓高的壯觀景象，為前來突尼西亞的旅人不容錯過的柏柏爾建築景觀。

雖然生活在乾燥的沙漠中，柏柏爾人依舊發展出獨特的種田技巧，突尼西亞東南方的土壤接近黏土，不容易留住水分，於是柏柏爾人建造一道道的土堤當作攔水壩，有點像是梯田的樣子，當下雨時，這些攔水壩能阻擋水分的流失，形成一塊塊的水窪，讓年雨量只有兩百公釐的土地能種出原本年雨量五百公釐才能生產的作物。

柏柏爾人種植的糧食作物以粗小麥為主，經濟作物以橄欖樹為大宗，粗小麥是柏柏爾人主要的糧食來源，柏柏爾婦女使用石磨將粗小麥磨細，一粒粒的白色粉末即是柏柏爾人的主食——庫斯庫斯（couscous）。柏柏爾人會用塔吉鍋烹飪庫斯庫斯，加入小茴香、薑黃、肉桂等香料調味，再搭配肉類或蔬菜一起食用，就是一道標準的柏柏爾大餐。用

庫斯庫斯和塔吉鍋料理

塔吉鍋烹調的料理，可以保持食物中的水分，跟一般中東食物強調「烤」的做法有很大的不同。

## 你家有幾個「房間」？

柏柏爾人會將糧食存在穀倉當中，穀倉的大小和附近村落的規模密切相關。大型穀倉通常會有三到四層樓高，這些穀倉有著大型中庭，甚至也有雙中庭的建築型態，這些大型中庭在穀物收成時可以當成曬穀場使用，有商人前來貿易時，也可以當成買賣貨物的地方。穀倉由一個個「房間」(Ghorfa) 組成，每個柏柏爾家庭可以視自己的需求購買「房間」，某些家大業大的柏柏爾人

多層的穀倉建築

單層的穀倉建築

可能一口氣購置十幾個「房間」來儲存自己的東西。

在三、四層樓高的穀倉當中，柏柏爾人通常會將橄欖、橄欖油等高經濟價值的作物存放在較高的「房間」內，下方就存放一些比較不重要的作物或者農具。那麼，有沒有什麼輕鬆的方法將貨物運送至高樓層？柏柏爾人在「房間」外設計了一根橫桿，只要將繩子掛上去固定，底下的貨物就能裝在陶罐或架子上，利用掛繩抵達高樓層，所以只需兩個人就能運妥所有的貨物，省去來回搬運的困擾。另外，在「房間」的門邊還有一個小洞，根據當地人的說法，他們會用火把將「房間」內的氧氣燃燒殆盡，讓穀物在相對缺氧的環境中儲存，以延長穀物的存放時間。也有人說這個洞是為了將貓放進「房間」裡捕抓偷吃糧食的老

鼠，兩種說法，看你比較喜歡哪一種囉？

## 大量消失的穀倉建築

這些穀倉建築在法國殖民時期受到大量的破壞，源於當時突尼西亞人民強力反抗法國的殖民，如從高空往下俯瞰，可以發現穀倉建築很像一座有城牆包圍起來的堡壘，許多反抗軍將穀倉建築當作基地，再加上突尼西亞的東南方鄰近利比亞，法國執政者高度關注這裡的局勢。法國利用空襲對反抗軍展開反擊，轟炸了不少的穀倉建築，目前只剩下雷蘇丹、緬地因、塔塔因(Tataouine)、幾個地方還保有這些建築物。

# 傑爾巴島
# Djerba

## 猶太人停留之處

傑爾巴島位在突尼西亞的加貝斯灣 (Gulf of Gabès) 上，美麗的陽光、適宜的氣候、悠閒的沙灘和獨特的文化，吸引眾多外國遊客來此一遊。

傳說傑爾巴島是希臘英雄奧德修斯 (Odysseus) 結束特洛伊戰爭後，在漫長的回家途中（他花了十年的時間才回到家）經過的「忘憂島」。島上的人以忘憂果為食，他們慷慨地以忘憂果招待了登島的船員們，吃下忘憂果後，這些船員們沉溺於夢境之中，拒絕回到海上找尋回家的路。奧德修斯於是禁止其餘船員們吃島上的食物，並將吃過忘憂果的船員帶回船上，離開了「忘憂島」。

這裡曾經也是九到十六世紀非洲撒哈拉沙漠貿易的終點站。位於非洲西部的馬利帝國(Mali Empire, 1230–1600)在十三世紀時盛極一時，當時的首都廷巴克圖（Timbuktu，今通布圖Tombouctou）意思即是「貨物交換之地」。馬利帝國擁有大量的黃金，他們以黃金跟地中海沿岸國家換取木材、黃銅、食鹽等各種物品，而傑爾巴島也成為阿拉伯商人聚集購買中部非洲貨物的地方。

當地導遊曾經告訴我非常有趣的故事：阿拉伯人做生意時會有提前慶祝的習慣，若今天要和甲方合作，阿拉伯人會先和甲方開個party，吃個飯，認為愉悅的心情有助於之後雙方合作。某次，阿拉伯人要和傑爾巴島人合作，阿拉伯人按照慣例請傑爾巴島人吃飯，意外的是，吃完飯後傑爾巴島人拒絕了合作案。阿拉伯人很驚訝，馬上追問原因，傑爾巴島人告訴他：「我覺得你會無節制地使用經費。」傑爾巴島人認為，雙方還沒確定合作的情況下，阿拉伯人就花錢請人吃飯，是在做一件沒有把握、有風險的事情，這樣的行為讓傑爾巴島人卻步，不敢和阿拉伯人做生意，也可以看出來，傑爾巴島人腦筋多硬了。

## 猶太人來了

要登上傑爾巴島有幾種方式，其中一個是走「羅馬人的路」，這條道路過去是由羅馬人所建造，當時要走這條路可要算準時間點，平時它沉於海底，只有退潮時才出現。目前，突尼西亞政府已經在羅馬人的道路上興建起現代化的道路，甚至在橋樑上興建起護漁的走道，藉此避免魚群產生生態危機。

在羅馬人之後，西班牙、巴巴里海盜(Barbary pirates)[1]等政治勢力陸續進入傑爾巴島，先是巴

1 巴巴里海盜通常指十六世紀開始活躍於海上的北非海

羅馬人的路

巴里海盜於一五〇三年控制了傑爾巴島，使之成為海盜在地中海西部的主要據點，接著西班牙完成收復失地運動後，積極地把基督教勢力帶入地中海，他們在一五二〇年成功的佔領了傑爾巴島，但與此同時，鄂圖曼帝國國勢正盛，征服了君士坦丁堡及收服巴巴里海盜的海上勢力後，接著打敗西班牙人，征服傑爾巴島，讓鄂圖曼帝國的政治勢力到達現今阿爾及利亞的境內。傑爾巴島上的穆斯塔法城堡 (Ghazi Mustapha Fort)，就是土耳其人吊死西班牙士兵，驅趕西方勢力離開傑爾巴島的地方。

除了上述政權，傑爾巴島上也有許多的猶太人，根據當地猶太人的說法，他們在兩千五百年前，也就是西元前五八六年新巴比倫帝國 (Neo-Babylonian Empire, 625BC–539BC) 滅亡猶大王國之後，一部分的猶太人逃到傑爾巴島上並在此定居，相傳有人帶著聖殿的遺物來到傑爾巴島。隨著第二聖殿被毀，猶太人在傑爾巴島上建立了信仰中心——葛瑞巴猶太會堂 (El Ghriba Synagogue)。許多人認為該猶太會堂建造的時間應該在西元前六世紀，實際上考古學家認為現今的建築物應該

---

盜，這些海盜以阿爾及利亞、突尼西亞等地為據點向外掠奪，聲勢浩大。直到十九世紀，歐洲各國相互合作打擊巴巴里海盜的勢力，之後因法國於一八三〇年占領阿爾及利亞後失去根據地而被徹底殲滅。

穆斯塔法城堡

是十九世紀所建造完成的。

傳說這間猶太會堂在過去是一位名叫葛瑞巴的女孩住過的地方，葛瑞巴在希伯來文中是「獨居者」的意思，如同她的名字一般，葛瑞巴一個人孤零零的住在這裡。在葛瑞巴死後，附近村莊的猶太人發現她的屍體並未腐爛，於是將她埋葬在附近的一個洞穴中，每年的篝火節[2]都在此地舉行朝聖儀式。在葛瑞巴猶太會堂內有許多房間，在以往朝聖者最多的時候，每年會約有一萬名朝聖者來到此地朝聖，房間就是給朝聖者住宿之地。

猶太會堂內部的裝飾以藍色調為主，因為猶

2 猶太曆的二月十八日為篝火節，是紀念猶太教聖人西蒙．巴尤查 (Shimon bar Yochai) 的節日。

葛瑞巴猶太會堂

太人認為藍色具有避邪的效果；在講道臺後方，有一把永遠不會有人坐的椅子，這把椅子象徵上帝蒞臨時所坐的位置。進入到會堂內部會發現九燈燭臺(menorah)，相傳在希臘人統治耶路撒冷時，不只在猶太人的聖殿中祭祀宙斯，更使用豬肉獻祭。因此當猶太人收回聖殿後，必須燃燒聖油「淨化」聖殿，但猶太人翻遍了聖殿，只找到一小罐聖油，沒想到這罐聖油居然燃燒了八天，直到新的聖油製作完成，為了紀念這個奇蹟，猶太人開始慶祝光明節。聖櫃中有許多朝聖者留下來的心願，我想心願的小紙條應該如同在哭牆的小紙條一般，待數量過多時會由工作人員燒掉傳達給上帝知曉。

有一次，我在傑爾巴島上想要買猶太人的「猶太安家符」(mezuzah)，也就是猶太人放在家門口祈求平安的經卷匣，被一位穿著阿拉伯服裝，講阿拉伯語的攤販叫住，問我在找什麼？我告訴他之後，他竟立即拿出一堆「猶太安家符」給我看，正當我驚訝於攤販對「猶太安家符」的知識及庫存時，攤販說：「我是猶太人啊！」傑爾巴島上的猶太人受到阿拉伯文化的影響很深，不只講希伯來文也會說阿拉伯文。但來到猶太聖殿，你會發現這裡的猶太人依然唸誦著《摩西五經》(*Torah*)，他們即使離開自己的國家，仍透過宗教將彼此緊緊地聯繫在一起。每年猶太會堂會舉辦

猶太會堂內部

猶太會堂內部

篝火節的活動，紀念當時將《摩西五經》碎片帶來島上集結成書的事蹟。不過因為猶太人和阿拉伯人的關係仍然有些緊張，二〇〇二年猶太會堂曾發生過攻擊事件，之後進入猶太會堂前都需要進行安檢措施。

當然，島上不只居住著猶太人，這裡也有許多阿拉伯人，比較特別的是，傑爾巴島上還有人數不多的伊巴底教派信徒（記得嗎？我們在雪尼聊過這個伊斯蘭教派別）。我覺得，傑爾巴島是個不同宗教信仰但相對和平的地方，猶太人、伊巴底教派信徒及穆斯林三者之間可以和平共處。

傑爾巴島上的市集

## 傑爾巴島上的日常

如果要知道傑爾巴島上女生們穿什麼，往洪市集逛逛準沒錯。傑爾巴島上的婦女通常會穿戴長袖的白色長袍，戴上斗笠（有些婦女會蒙面），因為傑爾巴島海拔不高，也不常下雨，日曬充足，好好防曬十分必要。當地人認為，豪門或者善待女兒的家庭，養出來的女兒都白白胖胖的，白皙的膚色代表不用工作，是家庭有錢的象徵；而圓潤的身材則是家庭能提供給女兒不錯的飲食，也算是當地獨特的審美觀了。在洪市集裡，你可以輕易的找到當地婦女的傳統服裝，不妨來這裡體

市集中販賣的傳統服裝

會一下當地人文風情吧！

## 傑爾巴島上的塗鴉巷

在傑爾巴島上的村莊埃里亞德 (Erriadh) 裡，有許多美麗有趣的塗鴉，每一個轉角都充滿驚喜，這個村莊中的塗鴉，和法屬突尼斯人的藝術家本・謝赫 (Mehdi Ben Cheikh, 1974– ) 有關。本・謝赫在法國巴黎開了一家畫廊，從二〇〇九年開始，他推出「街頭藝術 13」(Street Art 13)，與巴黎十三區的市政府合作，邀請來自世界各地的藝術家在建築上進行創作，這個計畫獲得了國際的肯定。

塗鴉巷中的塗鴉和當地居民

在二〇一四年，本．謝赫將目光投向傑爾巴島，在當地實施了「傑爾巴歲月」(Djerbahood)的計畫，這次同樣邀請了世界各地的藝術家，在埃里亞德裡一共創造了兩百五十幅的塗鴉，主題並不局限於和突尼西亞相關的人事物，各式各樣豐富的主題生動活潑的出現在埃里亞德的牆面上，帶給這座小鎮無與倫比的活力，埃里亞德也成為傑爾巴島巨大的露天博物館，遊客可以盡情地穿梭其中，享受每一個轉角的驚喜。

塗鴉巷中的塗鴉

塗鴉巷中的塗鴉

塗鴉巷中的塗鴉

## 瑪特瑪它
## Matmata

### 什麼？這裡有住人！

大約在一九六九年的時候，瑪特瑪它下了整整二十幾天的暴雨，這場暴雨淹沒了高原上的洞穴，住在當地的柏柏爾人只好派人往外尋求救援，他們來到高原下的加貝斯(Gabes)，希望可以獲得政府的幫助。突尼西亞政府對這群人的來訪感到十分的震驚，他們根本不知道瑪特瑪它有住人啊！此後，瑪特瑪它逐漸廣為人知，成為突尼西亞著名的觀光景點。

柏柏爾建築中最著名的就是瑪特瑪它的穴居建築。瑪特瑪它本身屬於高原地形，從高處往下看時，你會覺得這裡杳無人煙，但當車子開入瑪特瑪它後，一個與不毛之地完全相反的景象在眼前展開。因為這裡的建築形態相當特別，電影「星際大戰」也在此取景，若你是星戰迷，此處你絕對不能錯過的景點！

瑪特瑪它的土質非常的堅硬，柏柏爾人順應當地的地質特性，開挖出一戶戶的穴居建築，到底柏柏爾人是如何「挖」出這樣的房子？在建造穴居建築時又有什麼樣的考量呢？

「星際大戰」場景

## 彎彎繞繞的地下房屋

首先，柏柏爾人會先開挖出五公尺深左右的洞，頂端塗上一些防水的白漆。緊接著開挖對外的聯繫走廊，走廊通常都是彎曲的設計，主要目的是防止外人直接看到屋內人的活動，走廊的中間大多是婦女刷羊毛、縫紉地毯、聯誼的公共空間。屋主需要幾個房間，就挖幾個房間，通常會有四個公共空間：餐廳、廚房、儲藏室、中庭，其餘則會規劃為主臥房與小孩房，門口上方也會掛著蜥蜴的標本，來祈求邪靈不要進入房間。

在穴居屋外，柏柏爾人也會開闢牲畜的活動

地下房屋

空間，把羊與牛圈養在戶外。戶外鑿有水井，通常水井內的水為硬水（水中礦物質含量較高），大多是用來洗滌用而非飲用；飲用水則來自驢子駝回的山泉水。因為水源的關係，浴室跟廁所都設立在屋外，並且為了避免大雨造成淹水，室內設有引水道，把室內多餘的水排出戶外。穴居屋外常常設有帳篷，帳篷其實不是北非傳統的居住方式，而是隨著阿拉伯人傳入的，久而久之，柏柏爾人也在自己的屋外搭起了帳篷。傳統的柏柏爾家庭不喜歡離彼此太遠，通常柏柏爾男子長大之後，會選擇在老家旁邊開挖另外的穴居屋，甚至兩個穴居屋之間會用走道相互連接起來，家人之間感情緊密。

公共空間

穴居屋外的帳篷與水井

突尼西亞政府積極地建設瑪特瑪它地區，給予當地新式住宅、學校、郵局、醫院等，建立起新瑪特瑪它鎮，希望當地的柏柏爾人能搬遷到新市鎮居住，但是有些柏柏爾家庭不願意搬遷，至今仍然居住在舊瑪特瑪它地區，這些柏柏爾人對於古厝的情分讓我印象十分深刻。

## 魚與手掌

當我們把車子停在柏柏爾人家門外，可以發現柏柏爾人的外牆上，常常繪有魚的圖案，在柏柏爾的文化當中，魚代表著美滿、富足，有人認為魚的圖案是受到基督教的影響，因為魚的希臘文是

穴居屋

瑪特瑪它當地的柏柏爾人

ΙΧΘΥΣ，分別代表耶穌、基督、神的、兒子、救世主，在基督教尚未成為羅馬國教之前（西元四世紀末），魚形符號成為基督教地下教會時期的暗號，基督徒們利用魚形符號確認他人的身分，當某位基督徒畫出一半魚的符號，另一人能接著畫出剩下的一半，當然就是自己人啦！至於柏柏爾人何時開始信仰基督教的呢？合理推算應是一世紀，基督教興起後，約於此時逐漸散布至北非，魚的符號可能也是這時候傳入的。

除了魚的符號以外，在瑪特瑪它也可以看到許多家庭在門口畫上一隻手，也就是「法蒂瑪的手」。法蒂瑪是誰呢？法蒂瑪是穆罕默德的女兒，後來嫁給阿里，在伊斯蘭的文化裡，法蒂瑪代表

繪於牆上的魚和法蒂瑪的手

著純真、貞節的女子，柏柏爾人在外牆上會繪上法蒂瑪的手來祈求平安賜福。隨著伊斯蘭的向外擴展，其勢力也進入北非，影響當地的柏柏爾人開始轉變宗教信仰，成為伊斯蘭的信仰者。當我們來到瑪特瑪它，看到牆上繪製的魚與法蒂瑪的手時，其實這些符號正告訴我們一段屬於柏柏爾人宗教歷史演變的故事。

繪於外牆上的魚和法蒂瑪的手

# 伊爾傑
# El Jem

## 從競技到音樂

看到伊爾傑的第一眼，旅者大概很難想像這個小城鎮擁有一座名聞遐邇的羅馬競技場（Amphitheatre of El Jem），畢竟她和其他突尼西亞的小鎮沒有什麼太大的差別：馬路的兩旁充滿小吃店、咖啡店以及汽車零件店[1]。這種「伊爾傑沒什麼嘛！」的想法，在踏上南北向的羅馬大道、見到矗立在眼前的巨大競技場後戛然而止。讓人不禁讚嘆，這個小鎮不簡單，在一個非洲鄉下小地方，居然有一座這麼大的羅馬競技場[2]！

1 在伊爾傑的許多汽車零件都是從利比亞進口，但你仔細看產地，會發現是"made in Tunisia"，那為何要從別國進口呢？因為在格達費（Muammar Gaddafi, 1942–2011）統治利比亞時期，針對利比亞公民有汽車零件補助，例如一個一百塊的突尼西亞輪胎，在利比亞只賣五十塊（政府補貼五十塊），有些突尼西亞人就會跑去利比亞花五十塊錢買輪胎，回到突尼西亞後用七十塊的價格賣出去，藉此賺取價差。

2 實際上在伊爾傑，曾有過三座競技場。第一座競技場帶有希臘的風格，那時候羅馬人技術還不太熟練，競技場某些部分以圓拱建造而成，某些座位區則是利用山壁斜坡挖出來的。第二座競技場是木造的，被火燒掉了。第三座就是現在這座古羅馬競技場。

伊爾傑一開始是座小村莊，信仰的主神是酒神，酒神信仰強調歡樂，如果回到羅馬時期訪問當時伊爾傑居民：「你為什麼活著？」伊爾傑居民可能會回答你：「我們是因為快樂而活著！得到快樂的方法就是大家聚在一起！」相較於理性、追求俗世的成功，伊爾傑居民的追求似乎浪漫許多。對伊爾傑居民來說，酒與競技場正是追求快樂不可或缺的必要元素。

伊爾傑能從小村莊轉變成繁榮的羅馬城市，與她「站對了邊」有很大的關係。在羅馬共和時期，凱撒為了剷除政敵龐培 (Gnaeus Pompeius Magnus, 106BC–48BC) 在非洲的殘存勢力出兵北非，從突尼西亞東岸史法克斯 (Sfax) 登陸，雖然

伊爾傑街景與道路底端的羅馬競技場

凱撒用兵神速，但後勤補給線是個不小的問題，要是不小心糧食與軍隊無法整補到非洲，很可能面臨糧食不足的窘境。當時伊爾傑帶了大量的糧食投靠凱撒的軍隊，使凱撒無後顧之憂，待羅馬的援軍抵達後，一鼓作氣殲滅了龐培的殘存勢力。戰爭結束後，凱撒給予伊爾傑自由市的頭銜，免除稅收，使伊爾傑慢慢發展起來。

另外，伊爾傑也是橄欖油生產、出口的重要地區，尤其在阿拉伯人入侵北非後，橄欖油的貿易中心從史貝特拉移到伊爾傑，使伊爾傑變得更加富庶。驅車從高速公路前往伊爾傑時，旁邊一望無際的土地上全部都是橄欖樹，十分壯觀。特別的是，高速公路兩旁橄欖樹與橄欖樹之間種植的距離似乎比較遠，這是因為每塊土地、橄欖樹的特性使然，該株橄欖樹需要比較大的空間以及土地的營養，才能夠種植出好的橄欖果實。目前，在伊爾傑南方約四十五分鐘車程的城市史法克斯正是突尼西亞橄欖油輸出重鎮，突尼西亞橄欖油品質中心也在史法克斯，雖然離羅馬時期已有千年的時間，伊爾傑周邊地區仍然是橄欖油的核心城市。

## 伊爾傑博物館

來到伊爾傑，重頭戲除了競技場以外，還有伊爾傑博物館 (El Djem Archaeological Museum)。在參觀競技場之前，最好先來伊爾傑博物館，你可能會疑惑，為什麼不直奔伊爾傑競技場？這是因為伊爾傑競技場當中大量的馬賽克作品，其實都保存在伊爾傑博物館中，如果不來博物館，競技場內部的樣子很難想像。而且伊爾傑博物館本身就是古蹟，它是羅馬一戶有錢人家留下的房子，十分值得一看。

伊爾傑博物館的門口，佇立著一座愁眉苦臉

伊爾傑博物館

的老人雕像，他就是伊爾傑競技場的興建者戈迪安一世 (Gordian I, 159–238)，為什麼他總是一副愁眉苦臉的樣子呢？時間來到二三五年，當時羅馬皇帝亞歷山大·塞維魯斯 (Alexander Severus, 208–235) 與母親朱莉婭 (Julia Avita Mamaea, 180–235) 在下日耳曼尼亞被暗殺，叛亂首領馬克西米努斯·薩克斯 (Maximinus Thrax, 173–238) 成為皇帝，但羅馬元老院並不認同馬克西米努斯，而是承認在非洲的戈迪安一世為奧古斯都。年輕的戈迪安二世 (Gordian II, 192–238) 被老父親戈迪安一世立為皇帝共同統治，登上羅馬政治的舞臺。

但隔壁鄰邦努米底亞 (Numidia) 的州長卡米利亞納斯 (Capelianus) 反對戈迪安的統治，他是馬克西米努斯的忠實支持者，因此對戈迪安懷恨在心。卡米利亞納斯宣布效忠現任皇帝，率領北非唯一的第三軍團入侵非洲省（現今突尼西亞地區），戈迪安二世被迫率領一支未經訓練的民兵部隊迎戰，最終兵敗身亡。

聽完戈迪安一世故事之後，您是否了解興建伊爾傑競技場的人，為什麼雕塑家總是描繪他愁苦的面容？原因就是他是被元老院議員拱上去當領袖，導致自己最後家破人亡，了解這段歷史之後，試想他怎麼能夠不愁苦呢？

經過戈迪安雕像，走進博物館大門，因為伊爾傑博物館之前是羅馬富裕人家的房子，整棟建築以「庭院」(atrium) 為中心，庭院四周環繞門廊和房間。右手邊的第一個房間裡面，擺放著大量格鬥畫面的馬賽克，這些馬賽克都來自於伊爾傑競技場，離開房間，門廊牆上也有許多關於葡萄藤蔓、酒神巴克科斯跟他老師西勒諾斯 (Silenus) 的馬賽克，展現了伊爾傑居民喜好享樂的一面。

關於西勒諾斯，有一個有趣的神話：某天西勒諾斯醉倒在路邊，被路過的邁達斯國王 (Midas) 撿回家，為了感謝邁達斯國王的照顧，西勒諾斯決定完成國王的一個願望。邁達斯國王非常喜歡金子，他要求得到點石成金的能力，西勒諾斯答

庭院以及當中的凱撒雕像

應了。興奮的邁達斯國王開始觸摸身邊所有的物品，將它們全都轉成金製品，直到用餐時間，邁達斯國王遇到了難題。他拿起麵包，麵包瞬間成為金塊；他碰到酒杯，酒杯連同裡面的酒都成為金子，國王餓得受不了卻只能對著滿桌的美食乾瞪眼。接下來，更可怕的事情發生了，邁達斯國王心愛的女兒跑進了房間，不小心碰到女兒的邁達斯國王，只能眼睜睜的看著女兒成為一尊金色的雕像。邁達斯國王難過不已，於是找到西勒諾斯並請求他收回這個能力，西勒諾斯讓邁達斯國王到帕克托羅斯河裡洗澡，國王的能力因此被轉移到水中，這條河裡的砂石都成為黃金。這個故事讓人反思，有了點石成金的能力，真的就快樂

酒神巴克科斯的馬賽克

了嗎？

再往博物館裡面走，有一張我最喜歡的獅子馬賽克，它的尺寸與真實獅子幾乎是等比大小，馬賽克中獅子的肌肉、陰影、毛皮都處理得非常好。此外，博物館裡還有一幅巨大的馬賽克，是在描述羅馬時期的基督徒遭到迫害的場景（左下角有一位被猛獸撕咬的人類），這種早期基督徒殉道的馬賽克很少見，伊爾傑博物館裡的是其中一幅。

馬賽克對羅馬人來說，是裝飾房子的好幫手，在伊爾傑博物館中，也有一些屬於原本羅馬房屋的馬賽克。例如在餐廳中，就有一幅巨大的菜單馬賽克，上面畫滿了美饌佳餚；又或是在某個小

獅子馬賽克

維納斯的誕生與羅馬行省

房間裡，有一幅維納斯的誕生，彷彿在告訴我們，這個房間曾是某位美麗千金的閨房；另一個房間中，則有一幅主題為羅馬行省下各民族的馬賽克，一位羅馬士兵站在馬賽克的正中央，四周圍繞著羅馬帝國轄下的不同民族：希臘人、西班牙人、印度人等等，你可以從這幅馬賽克看到羅馬人眼中的世界。

## 熱血的古羅馬競技場

離開伊爾傑博物館，我們終於來到伊爾傑競技場，伊爾傑競技場附近有非常多的馬賽克工廠，許多婦女專心的在工廠中敲打馬賽克，強調格鬥

當地販售的馬賽克

特色的伊爾傑學派的馬賽克技術仍在突尼西亞持續流傳。

令旅人驚豔的伊爾傑競技場意外的是座人煙稀少的古羅馬競技場。在義大利，想參觀競技場，從買票到入場大概會花去你一個半小時的時間，進去後發現競技場裡面人山人海，連拍照都不容易。但在伊爾傑，你想怎麼拍就怎麼拍，沒有人會管你。雖然遊客不多，但這座競技場可是世界三大競技場之一，大小僅次於位於羅馬的羅馬競技場 (Colosseum) 和義大利卡普阿 (Capua) 的劇場遺址。

那麼，伊爾傑的競技場與羅馬競技場有沒有差異呢？許多遊客都會有這個疑問。羅馬競技場在設計的時候，並沒有將排水系統算進去，他們先將羅馬的競技場蓋好後，後面才追加排水的系統。但伊爾傑競技場的建造時間比較晚，因此先將排水設施處理好後，才開始興建競技場。在人數容量上，伊爾傑競技場略遜羅馬競技場一籌，羅馬競技場可以容納五萬人，而伊爾傑競技場大約只能容納三萬人。此外，雖然羅馬競技場與伊爾傑競技場都是三層樓高的建築，但是羅馬競技場每層樓的柱子都不一樣：第一層是多立克柱式 (doric order)[3]、第二層為愛奧尼柱式 (ionic order)[4]，最後一

3 柱子較為粗壯，又被稱作男性柱，柱身上有二十條凹槽，柱頭無花紋。

4 柱子較為纖細，又被稱為女性柱，柱身上有二十四條凹槽，柱頭上有一對向下捲的漩渦裝飾。

層是科林斯柱式(corinthian order)[5]，伊爾傑競技場的柱子則使用混合柱式(composite order)[6]。

許多遊客會好奇，伊爾傑競技場內的石塊都是羅馬時期留下來的嗎?還是有修復的?仔細觀察一下伊爾傑競技場內部的石塊，只要在石塊上發現一個倒三角形痕跡，那絕對是原裝。羅馬時期的採石場工人會使用鉤子來拖運石塊，鉤子在石塊上會留下倒三角形的痕跡，這也成為現代辨別石塊的方法之一。

5 柱子比愛奧尼柱式更細，柱頭上以地中海地區常出現的植物莨菪(acanthus)作為裝飾。

6 結合了愛奧尼柱式和科林斯柱式的風格，柱頭以漩渦和植物做裝飾。

伊爾傑競技場內部

## 競技場上

沿著斜坡往下走，不久就會踏入競技場的橢圓形競技場 (arean) 區域，也就是角鬥士 (gladiator) 進行格鬥活動的地方。古羅馬人十分喜愛觀看角鬥士格鬥，羅馬皇帝尼祿 (Nero Claudius Caesar Drusus Germanicus, 37–68) 曾說過：「要控制羅馬人，就如同控制一群暴民，競技場就是一個控制暴民的好方法。」如同電影「神鬼戰士」(Gladiator) 當中所演，羅馬皇帝在格鬥活動結束後大姆指向上代表戰敗的角鬥士可以存活、大拇指向下代表戰敗的角鬥士必須死亡。當全場觀眾大聲叫出自

橢圓形競技區

己的期望時，羅馬皇帝順從民意則可以快速地獲得傾聽民意的美名，若是反對民意則是要告訴這群暴民誰才擁有羅馬帝國的絕對權力，運動政治學在羅馬時期就已經開始使用。

伊爾傑的橢圓形競技區保存良好，上面鋪滿砂石，但為何不是鋪設羅馬人喜愛的大理石呢？其實是為了方便整理場地，因為格鬥緣故，橢圓形競技區時常染滿鮮血，砂石場地能快速清洗乾淨，今日當我們踩在沙土上，彷彿能感受當時格鬥的場景，聽到戰士們的怒吼。環顧四周，可以看到高聳的座位區，第一層是看臺區，身分高貴的羅馬貴族或者有錢的羅馬公民可以坐在這裡；第二層開始座位會傾斜十七度九，提供一般的公

橢圓形競技區和座位區

民使用；第三層就更高了，斜角高達三十四度九，這是奴隸觀看比賽的位置，展現羅馬社會階級。

橢圓形競技區中間有一條溝，下方是一間一間的格鬥室，有點像現在球隊的休息室，一個隊伍一間，角鬥士們會在這裡休息，等待上場的時機。沒有比賽的時候，陽光會從上方灑落，但當格鬥開始時，羅馬人會架上木板，防止角鬥士掉落。蓋上木板後，格鬥室一片漆黑，角鬥士只能用一盞小小的燭火照亮腳下的路，耳邊是三萬多個觀眾興奮的叫聲，往出場的斜坡前進，等待他們的不是生就是死——功成名就的活著或者沒沒無聞的死去。在龐大的壓力下，只有宗教可以安慰角鬥士，路的盡頭有個凹下去的神龕，角鬥士

地下格鬥室

完成禱告後，便踏上斜坡，迎接自己的結局。格鬥室的外圈有獅子洞，羅馬人會將獅子放在籠子中，以輪軸將三百公斤的獅子抬升到橢圓形競技區上，進行角鬥士與野獸的搏鬥。在橢圓形競技區上面，溝的兩旁則有一圈一圈的區塊，在搏鬥中死亡的角鬥士屍身會暫時放置在此處。

來到二樓的看臺區，看臺區的東邊是省長或者市長的座位，為了避免烈日影響市長的觀看心情，最精彩的表演通常安排在下午三、四點之後，避開太陽的照射。看臺的下方就是橢圓形競技區，角鬥士在這裡相互廝殺，當一方落敗之時，勝者將刀抵在敗者喉嚨上，讓省長決定敗者的命運。建議旅者一定要來到二樓看臺區，因為這裡才是

陰暗的走道

伊爾傑羅馬競技場拍照最好看的地方。

## 從戰鬥到音樂

突尼西亞觀光客大部分來自歐洲，每年七、八月時，許多歐洲人會飛來突尼西亞度假（從法國或德國來都只需要兩個多小時，突尼西亞可以說是歐洲人的後花園），突尼西亞一千一百公里長的海岸線能讓歐洲人盡情享受夏季陽光。為了推廣觀光，突尼西亞觀光局決定在伊爾傑羅馬競技場舉辦古典音樂節，吸引更多的觀光客。每年五月，官方會公布參加音樂節的樂團，並在七月底、八月初的時候舉辦古典音樂節。活動以突尼

五月天「為愛而生」封面照的拍攝角度

西亞的國歌拉開序幕，能站在一千八百多年的競技場裡聆聽悠揚的古典音樂，感受十分特別。

臺灣的天團五月天在二〇〇五年時來過突尼西亞拍攝「為愛而生」的專輯 MV，其中伊爾傑的羅馬競技場正是拍攝 MV 的場地，專輯的封面照也是在競技場拍攝。許多五月天的粉絲來到伊爾傑的競技場，都要求在專輯封面拍照處也來一張照片。不論古今中外，伊爾傑的競技場總是帶給人們許多歡樂也是個充滿回憶的地方，來趟伊爾傑的旅行吧，把歡樂帶到您的生命當中，酒神的城市歡迎您的蒞臨。

# 蘇斯
# Sousse

## 守衛家園的要塞

蘇斯位於突尼西亞的東邊，瀕臨哈馬瑪特灣 (Gulf of Hammamet)，是突尼西亞的第三大城，突尼西亞人又稱該地區為大蘇斯地區，區域內的城市除了蘇斯之外，還有莫納斯提爾 (Monastir) 和馬赫迪耶等城市。對於旅人來說，蘇斯的位置十分良好，與開羅安距離不遠，旅人可以蘇斯為據點，前往周邊城市進行觀光旅遊。

歷史上與蘇斯有關的名人可真不少，例如迦太基的漢尼拔將軍，他的領地就在蘇斯；突尼西亞國父哈比卜·布爾吉巴的出生地在蘇斯附近的莫納斯提爾；而突尼西亞第二任總統班·阿里也住在此處。對於突尼西亞人來說，一提到蘇斯，隨之想起的就是這些政治名人。

歷史上蘇斯的發展和開羅安息息相關，開羅安作為阿赫拉比王朝政治中心，需要一個對外貿易港口，而蘇斯就是他們選定的外港，並隨著「城堡」(Ribat) 逐漸發展起來。更精準地說，「城堡」是小型清真寺結合軍事要塞，居住在城堡內的人平時是傳教士，戰時便成為有防衛能力的武士。當時王朝的主要敵人來自於地中海對岸的拜占庭帝國，為了防禦外敵，阿赫拉比王朝大概於九世紀開始陸續於突尼西亞沿岸建造「城堡」，每個「城堡」相隔大概三十到六十公里，並建有一座高聳的塔樓（旅者通常都直接稱它為烽火臺），只要一有敵人來襲，阿拉伯人立刻在塔樓點起火，藉著狼煙傳遞消息。

高聳的塔樓

既然是軍事要塞，「城堡」擁有厚實的城牆以及大門，建築分成三樓，一樓有許多的小房間供人居住；二樓是清真寺，提供穆斯林禮拜的地方，仔細看看這裡的窗戶，是外窄內寬的形式，方便城堡內的人向外觀看、進攻。三樓是最頂端，有許多的城垛，有人說歐洲城堡上的城垛，其實是參考阿拉伯式的城堡設計。除了城垛，三樓在大門方向的地方有一個孔，要是敵人利用攻城槌撞擊大門時，穆斯林會將滾燙的油倒入洞中來抵抗敵人的入侵。穆斯林商人和傳教士居住在城堡裡，藉由貿易將伊斯蘭信仰傳播出去，但是當戰爭來臨時，這些穆斯林商人和傳教士也會參與戰爭，成為戰士，為自己的信仰奮鬥。

「城堡」的內部景觀

在城堡的對面，有座蘇斯大清真寺（Great Mosque of Sousse），因為靠近防禦要塞，蘇斯大清真寺的外觀類似堡壘，同樣也有著厚實的外牆，清真寺主要由拜殿和庭院（sahn）組成，特別的是，蘇斯大清真寺是沒有喚拜樓的清真寺，造成此建築的原因是受到十世紀時法蒂瑪王朝的影響。九一六年蘇斯受法蒂瑪王朝統治，在那個戰爭頻繁的年代，法蒂瑪人認為城堡比清真寺更重要，強調建築物的防禦性高過於宗教性，也就造成法蒂瑪王朝的建築都有個特色，幾乎沒有喚拜樓的存在。例如說：突尼西亞的馬赫迪耶大清真寺、埃及的哈基姆清真寺（Al-Hakim Mosque）等。

蘇斯大清真寺外觀

## 彎彎繞繞的蘇斯麥地那

除了蘇斯大清真寺，城堡的旁邊就是蘇斯麥地那(Medina of Sousse)，筆者認為蘇斯麥地那是僅次於突尼斯麥地那之外，第二有趣的老城了。蘇斯麥地那有兩個部分：卡司巴(Casbah)和哈佛(Howard)。蘇斯老城的中心原本是座城堡，隨著商業發達造成人口逐漸增加，城市也因此逐漸擴張，管理者因為管理的需要，在城市的高處興建市政廳的建築，卡司巴就是在這樣的背景下誕生。卡司巴依山而建，是整個蘇斯麥地那的行政中心；哈佛則是商業區。卡司巴有一間前身

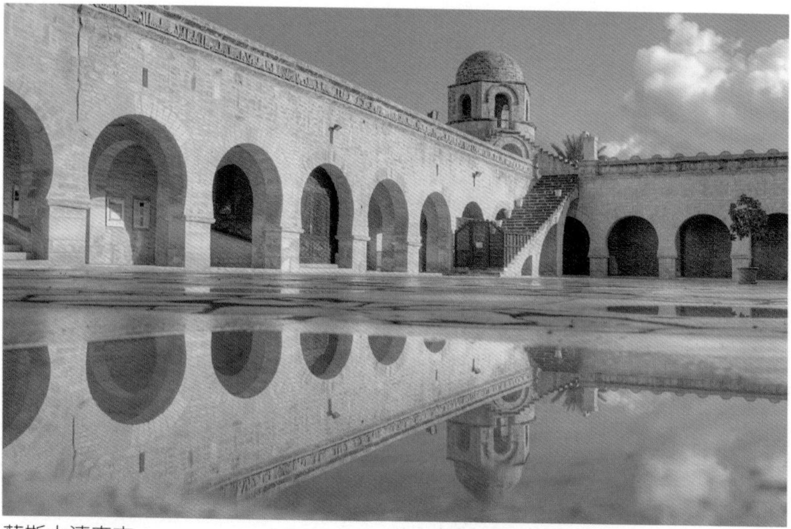

蘇斯大清真寺

是古堡的蘇斯考古博物館 (Sousse Archaeological Museum)，成立於一九五一年，裡面有僅次於巴杜國家博物館 (Bardo National Museum)[1] 的馬賽克收藏。館藏大部分是蘇斯周邊地區的羅馬遺址，其中最值得注意的就是基督教的地下墓穴，由於早年基督教為非法的宗教組織，基督教轉而成為地下宗教團體，當基督徒蒙主寵召之後，基督徒會被埋葬在屬於基督徒的地下墓穴。長達三百多公尺的地下墓穴中裝置了許多和基督教相關的石雕及馬賽克藝術，這些從蘇斯地下挖掘出來的早期基督教藝術品，是您來到蘇斯考古學博物館不

1 巴杜博物館位於突尼斯，是北非重要的考古博物館之一，內有豐富且大量的馬賽克館藏。

蘇斯考古博物館

蘇斯考古博物館

能錯過的部分。

離開博物館後，可以沿著老城區散步，順著老城的階梯逐漸往下城區的方向走，筆者跟隨當地導遊在老城區漫步了好幾次，怪異的是有一段路導遊每次都企圖避開，也不和我們說原因。這樣的情況發生了三、四次之後，筆者忍不住要求導遊不要再繞路，直接帶我們走過去。只見導遊神色異常地說：「我真的很不喜歡走那條路，你知道嗎？那邊是妓女戶，那條路是離妓女戶最近的。」我嚇了一大跳，在蘇斯麥地那居然有妓女戶？這勾起了我的好奇心，要求導遊帶我過去看一下。在安置好客人的情況下，導遊總算答應我的要求，並說這區域是蘇斯的黑歷史，在哈吉卜·布爾吉巴執政時，認

老城區街景

為每個社會都會有妓女的存在，公娼制度是有其存在之必要性。再者，突尼西亞女性很早就有離婚制度，如果有婦女離婚、又不被原生家庭接納的狀況下，公娼制度讓失婚婦女不至於落入私娼的環境。我可以看的出來即使原來妓女戶已經遷離，導遊仍然不願意提及這段過往歷史。

此外，在蘇斯麥地那散步時常覺得巷子非常相像，筆者問導遊怎麼記得住這些路？導遊疑惑地反問我為什麼要記得路？筆者更困惑了，要是不記得路該怎麼走？導遊說，他們都抓方向，知道自己要去的區域在那個方向，往那個方向前進就對了，要是走的路是死巷，就換條路繼續前進。之後，在北非，尤其是在老城裡面，就照著導遊

老城區的街景

教我的方式旅行，重點是你永遠不知道你會走到那裡去，因此每次看到的風景也不會一樣，但迷路時也不用緊張，只要再走一走，總會有一條路帶你抵達終點。這樣的人生哲學似乎也跟穆斯林的文化有著密切的關係，走在人生的道路上你要怎麼走呢？答案是人是無法決定往哪走的，在阿拉的引導之下，人終究會走向屬於自己的未來。

來到蘇斯麥地那，我最推薦的路線，就是穿越卡司巴大門後，往美麗的下坡路段前進，路的兩旁有傳統咖啡店、各式各樣有意思的古玩小店。不要急著離開，給自己一點時間坐在咖啡店裡喝杯咖啡，再到旁邊的小店逛逛街買買東西，享受愉快的度假時光。

蘇斯街景

蘇斯是外國人非常喜愛的度假景點，除了前面提到的交通方便外，這裡的海岸也深得歐美遊客喜愛，號稱「北非的邁阿密海灘」，許多歐美遊客會在這裡花個兩、三天將自己曬成美麗的古銅色，再回到歐洲跟朋友炫耀。沿著海灘有許多舒適的飯店，和蘇斯麥地那的風景截然不同。有些人以為突尼西亞為伊斯蘭國家，有許多行業會受到限制，但為了迎合大量的歐美遊客，蘇斯這裡有許多的賭場，也有許多販售酒精飲料的地方。筆者常常跟遊客開玩笑說，要是突尼西亞沒有紅酒跟啤酒，大概會少掉一、兩百萬個觀光客吧！

蘇斯海灘

# 克觀 Kerkouane

## 碩果僅存的腓尼基城市

來到位於突尼西亞東北角的邦角半島 (Cap Bon Peninsula) 上，這個被地中海圍繞的半島上種滿了柑橘、橄欖和葡萄，氣候溫和舒適。在這裡，有著世界上碩果僅存的腓尼基城市——克觀古城。

克觀在第一次布匿克戰爭 (First Punic War, 261BC–241BC) 時遭到羅馬人的攻擊，之後便被眾人遺忘在此，直到一九五二年時，突尼斯法國古物部門的一名成員查爾斯．索馬涅 (Charles Saumagne, 1890–1972) 十分喜愛在邦角半島北海岸釣魚，當他無意間在當地發現許多迦太基的陶器時，他意識到這裡應該是座迦太基遺址，而不是大家原本以為的羅馬時期遺址。不過，查爾斯．索馬涅無意間發現的這座古老城市，一直要到突尼西亞獨立後國家宣布大型考古計畫，及經過複雜的過程後，克觀才得以重現在世人的眼前。

一九八五年時，克觀古城因為完整的保留了古代腓尼基城市的樣貌，被列入世界文化遺產中。

從克觀的城市規模來說，該市面積約八公頃，在西元前二世紀時，居民人數大概為兩千人；就地理位置來說，邦角半島離義大利、西西里島非常近，在四世紀之前，西西里島上的塞琉古王國經常入侵邦角半島，造成克觀的建築有不同形式的建造特徵，城市內部已有筆直的大道以及城牆的構造，我們可以想像迦太基城市的基本規模。羅馬人與迦太基的第一次布匿克戰爭是讓克觀被徹底放棄的原因，當羅馬將領雷古魯斯 (Marcus Atilius Regulus, 299BC–250BC) 入侵北非時攻擊邦角半島，導致居住在克觀的迦太基人逃離該城市，沒有戰火的破壞、消失在歷史的迦太基小鎮終於在十九世紀重現在世人的眼前。

## 日常的生活樣貌——克觀博物館

來到克觀古城內的博物館，在此可以大概了解腓尼基人的日常生活。在克觀博物館的牆上可以發現到許多尖底的陶瓶，這是迦太基人船運貨物常使用的容器。博物館內也可以發現到大型牛頭型的陶器品，這是迦太基人獻祭使用的獻祭物品，也可以推翻羅馬史官建構迦太基人都是一些殺嬰獻神的野蠻人的說法。博物館內最值得參觀的是號稱克觀媽媽的棺木，該棺木的挖掘顯示迦太基人已經有一般人居住的城市區以及埋葬死者的墓葬區域，在棺木內部有放置陪葬品的習慣，甚至有避邪物的存在，墳墓內繪有坦尼特女神的神像，象徵對來世的期盼。

博物館內的展品顯示克觀的庶民生活，考古學家挖掘出骰子，可見城市居民已有休閒娛樂的生活。造型精美的眼影棒證明了婦女已有追求美的企圖，女性生活方式並不是追求溫飽的狀態，似乎也可以展現迦太基這個商業民族女性的社會概況。青銅做的刮鬍刀證明了迦太基人日常主要使用的金屬是青銅，小巧細緻的刮鬍刀造型看得出迦太基的男性重視自己的外表。陶器製作的奶瓶往往更讓旅者大為驚豔，小巧的壺嘴剛好可以塞入嬰兒的嘴巴，為何迦太基的媽媽不親餵而需要奶瓶，就留待考古學家繼續去追問吧！來到克觀的博物館，迦太基人的生活面貌將一一展現在您的眼前。

博物館的入口處，有兩座不同時期的希臘黑陶瓶，早期的希臘黑陶瓶多以幾何圖形來裝飾瓶身，後期的則多在瓶身上描繪希臘神話故事。在克觀可以發現到兩種不同的希臘陶器，證明迦太基人長久跟希臘貿易的證據。此外，克觀博物館內也可以發現來自伊朗獅子的裝飾品，旅者可以想像兩千多年前世界貿易的網路。

博物館內有趣的展品還有希臘神祇亞特拉斯(Atlas)的雕像，亞特拉斯是巨人泰坦(Titans)家族，在跟奧林匹斯山諸神爭戰，戰敗後被宙斯處罰用他高大的身體頂起世界。希臘英雄柏修斯(Perseus)在打敗蛇髮女梅杜莎(Medusa)之後，帶著梅杜莎的頭來拜訪亞特拉斯。故事結局是柏修斯抓起了梅杜莎的頭照向亞特拉斯，亞特拉斯高大的身體緩緩地變成了一座大山，成為橫跨北非三國摩洛哥、阿爾及利亞、突尼西亞最大的山脈——亞特拉斯山脈。許多研究者目前也指出亞特拉斯的故事應該是北非柏柏爾人的故事，可是現在大部分的人只知道亞特拉斯是希臘神話故事，卻不知道神話故事本該是柏柏爾人的神話。

## 設計精巧的城市——遺址區

朝向海邊走入遺址區域，旅者可以看到筆直的道路相互交錯，道路的兩旁座落著整齊的房屋遺址。在克觀遺址中最大戶的民宅前，解釋板上顯示房子是兩層樓的建築物，但是因為當時二樓通常都是木造的結構，在歲月的侵蝕之下目前都已經消失。地板上散布著紅色及白色的馬賽克磁磚，迦太基的馬賽克與羅馬馬賽克有著非常大的差異，迦太基拼貼用色十分簡單，只有紅色、白色、黑色三種顏色而已，不像羅馬的馬賽克在圖像上有著非常複雜的背景內容，迦太基的馬賽克還有用白色馬賽克拼貼出來的坦尼特女神圖像，鋪在大戶人家的門口守護著這棟房子，避免厄運的侵擾。

緊鄰著大戶的另一戶民宅讓旅者發現克觀古城中更有趣的部分——浴缸。在這戶民宅中發現西元前三世紀時腓尼基人的城市裡，家家戶戶就都有浴缸、排廢水的水管，甚至家裡也有挖井供水。有鑒於此，旅者可以說西元前三世紀腓尼基人的生活比

房屋門口守護房子的坦尼特女神圖像

家門口以白色馬賽克拼貼的坦尼特女神（上）和克觀古城的浴缸（下）

各式各樣的浴缸

羅馬人好多了，民宅內擁有自己的浴缸！腓尼基人的浴缸製作十分精巧，也會製造防水層，只要你看到浴缸四周的紅地板，就代表有仔細地鋪上防水層。整個水的運送以及防水的設計都經過仔細的構思，可以想像整座城市生活水準之高，已經是其他民族難以望其項背的狀態。

克觀城內有著紫色顏料的染洞，迦太基人在黎巴嫩又被稱為腓尼基人，腓尼基人將海螺搗碎後放進染洞內，讓它腐爛發酵，再萃取出紫色的染料，海螺的學名是紅口岩螺或染料骨螺，十幾萬顆的骨螺才能製成一件紫色羅馬袍子，捕撈這些海螺有特定的時令，最好的打撈季節是大犬星上行或在春天以前，這時海螺長得最大。取出的腺體要加入一定量的鹽，浸放不要超過三天。這些海螺越新鮮，染料質量會越好。在容器內熬煮海螺，每一百個安佛拉罐可以煮出五百磅染料。這個過程中，要時不時地刮去上層的浮沫，撇掉螺肉和連在肉上的腺體。大概十日後，當物質呈現液態時放入羊毛進行試染色。這樣的染料僅此一家別無分行，腓尼基人因此靠紫色染料致富。如今您前往腓尼基人的原鄉黎巴嫩時，黎巴嫩國家博物館內的鎮館之寶即是染料骨螺以及紫色的布料，證明著腓尼基人帶給世界的貢獻。

沿著海邊的防波堤走時會發現瞭望塔，仔細觀察房子的建造方式，可看到兩種不同的建造方式，一種是石塊彼此傾斜交叉擺放，當地人稱之為魚骨 (fishbone) 的建造方式；另一種是石塊直立式的建造方式。第一種的建造方式是早期克觀城建造時期的特色，第二種則是在西元前三一〇年，西西里島上的塞琉古王國攻打下克觀城。等到戰事結束後，腓尼基人用後者的方式重建家園。

在遺址區的附近，有腓尼基人的墓葬區。腓尼基人的墓穴是階梯式的向下挖掘，墓室中擺放棺木和神龕，死者左手握有可裝薰香物的容器，墓室中同時繪有坦尼特女神的符號，守護著墓穴。

這座克觀古城，經歷一連串的陰錯陽差後保存了下來，最後透過法國考古學家的手重現於世，讓世上少見保存完整的腓尼基城市得以重新展現在世人眼前，因為該景點離開主要的旅遊動線甚遠，如果喜愛世界遺產的朋友或是喜愛歷史的朋友，建議您不要錯過位在邦角半島頂端的腓尼基城市——克觀。

# 哈瓦利瓦
# El Haouaria

## 老鷹與石頭所在

哈瓦利瓦位於邦角半島的頂端，北非最重要的山脈亞特拉斯山從摩洛哥開始一直延伸至哈瓦利瓦沒入地中海。由於邦角半島被認為是候鳥在歐洲、非洲和亞洲之間往返的主要途徑，不同種類的鳥類和鷹類通常從半島盡頭的哈瓦利瓦到達西西里島。在這樣的自然環境下，阿拉伯人十分喜歡在這裡訓練老鷹，因此造就獵鷹狩獵的藝術。獵鷹是一項寶貴的歷史傳統，突尼斯角鷹使用不同的技術捕獲獵物，捕獵的形式上可以看到阿拉伯的影響。久而久之，他們就將哈瓦利瓦稱為「練鷹的城市」。每年春季狩獵季節結束時舉辦的哈瓦利瓦音樂節反映出當地人對獵鷹傳統的熱愛。當我們來到哈瓦利瓦時，可以看到一座巨大的老鷹雕像，象徵著這座群鷹飛舞的城市。

時間拉回到西元六〇年，這時候，凱撒剛發動完北非戰爭，決定重建迦太基城。凱撒認為迦太基城是一個地理位置非常好的港口，可以利用這個港口將北非的糧食運送至羅馬，提供羅馬日常所需。但是當羅馬人要重建迦太基的時候，遇到了一個大問題，重

建迦太基的建材要從哪裡來？羅馬人善於用大量的石材來建設城市，現在應該要去哪裡找容易開挖又方便運送至此地的石材呢？

當時羅馬人來到哈瓦利瓦，他們發現此地的砂岩非常好開挖，亞特拉斯山在此處沒入地中海造成開採非常簡便，藉由船運的方式也可以很順利的把石材帶回迦太基。因此，羅馬人沿著海邊挖開了一個洞，接著往下打出一個豎井，這個豎井以前是可以開放參觀的，近年因為安全的緣故所以大部分洞口都封閉，僅剩下少數一、兩個洞穴可以參觀。羅馬人在這個井裡面把石頭一塊一塊的開採出來，再將開採出來的石塊綁上繩子，利用大輪軸將石塊一塊、一塊的吊掛到陸地上。好不容易將石塊從洞裡拉出後，羅馬人利用倒鉤將石頭鉤住拖至港口，送到船上運回突尼斯。羅馬人很常使用這種搬運工法，所以我們在參觀許多曾受羅馬統治的地區時，你都可以在建築上看到一個倒三角鉤的痕跡。

來到哈瓦利瓦，門口有著小小的博物館，建議您前往參觀一下，您將會對羅馬人在此地挖掘石材的方式有所認識。走進巨大採石場的遺跡，地上平整的石頭見證著羅馬人切割石塊的痕跡，抬頭仰望只見每個石洞上方都有個開口，耳邊似乎也傳來當時工人們此起彼落的呼喝聲，如果沒有哈瓦利瓦的石材，也就建造不出羅馬時期的迦太基城或者水道橋等設施。

哈瓦利瓦的景色

# 突尼斯老城
# Medina of Tunis

## 突尼斯的阿拉伯風情

突尼斯老城位於突尼西亞首都突尼斯內的阿拉伯老城區。整個城區的面積大約有二百七十公頃，居住人口超過十萬人。突尼斯老城擁有深厚的歷史，裡面約有七百多處的古蹟，一九七九年被聯合國教科文組織列為世界遺產。七世紀時，突尼西亞被阿拉伯人統治，阿拉伯人在六九八年時興建了宰圖納大清真寺（Al-Zaytuna Mosque），老城區便圍繞著清真寺逐漸發展起來，阿拉伯人稱這裡為「麥地那」（Medina），「麥地那」是指阿拉伯人聚居的地方，由城牆包圍起來的商業、住宅、宗教和行政等區。

## 法國人來了

相對於老城區的，則是法國人殖民後建立的「法國人區」。一八八一年五月，法國攻進突尼斯，強迫統治者穆罕默德三世·阿勒·薩迪簽下《巴杜條約》，從此突尼西亞成為法國的殖民地。但準備定居突尼斯的法國人，卻面臨到截然不同的居住型態與文化衝擊，法國人不習慣阿拉伯人的房屋：隔間很少、沒有床、沒有桌椅（阿拉伯人喜歡席地而坐），於是他們開始興建「法國人區」。

沿著筆直的哈比卜·布爾吉巴大道（Avenue Habib Bourguiba）行走，頗富法式風情的建築分布

哈比卜·布爾吉巴大道的景色

在街道的兩旁，例如突尼西亞市立劇院 (Théâtre municipal de Tunis)、聖文生主座教堂 (Cathedral of St Vincent de Paul) 等等，突尼西亞人稱哈比卜．布爾吉巴大道為「突尼西亞的香榭麗舍」。聖文生主座教堂前面有一個「獨立廣場」，上面立著伊本．赫勒敦 (Ibn Khaldun, 1332–1406) 的雕像。伊本．赫勒敦是位頗負盛名的伊斯蘭學者，對社會學、史學、經濟學等皆有研究，突尼西亞人為了紀念這位出生於突尼西亞的學者，於是在廣場上為他立了一座雕像[1]。

1 在突尼西亞發生茉莉花革命時，當地流傳著一則笑話：某天，總理經過伊本．赫勒敦雕像時，被雕像叫住。雕像說：「總理啊！我站得好累，你可不可以幫我找匹馬？整天站著實在很不舒服啊！」總理嚇了一大跳，馬上將這件事情告訴總統班．阿里。班．阿里一聽，決定跟總理到雕像前一探究竟。來到雕像前的兩人開口問道：「伊本．赫勒敦先生，您怎麼了啊？」沒想到雕像十分生氣，

聖文生主座教堂

除了公共建築，當你環顧四周的民宅，也會看到許多的小陽臺。在過去，法國婦女喜歡下午時分坐在小陽臺邊，喝杯咖啡、欣賞風景，享受一下午後的優閒時光。

當法國建築界興起一股「新古典主義」(Neoclassical architecture) 時，這股旋風也跟著法國的殖民來到突尼西亞，使當地建築外觀上都刻有希臘、羅馬的神話裝飾，或者以希臘古典建築中頗具代表性的愛奧尼柱式以及科林斯柱式等造型作為裝飾。

哈比卜．布爾吉巴大道走到底會出現「海門」(Bab el Bhar)，海門是突尼斯老城城門群中的一個，法國人殖民時期，為避免反抗勢力，將舊城牆全部拆去，只留下城門。海門因為面向與地中海相連的突尼斯湖 (Lake of Tunis) 而得名，這扇門將法國人的世界與阿拉伯人的世界一分為二。

---

大聲地說：「總理啊，我請你帶匹馬來，你怎麼帶了一頭驢給我呢？」

哈比卜・布爾吉巴大道上的民宅與海門

哈比卜・布爾吉巴大道街景

## 穿過海門

走過海門，我們來到突尼斯老城，和剛剛規劃整齊的道路不同，這裡到處都是彎彎繞繞的小巷子，就像迷宮一樣。兩旁店家擺滿琳瑯滿目的商品，店主熱情的對你吆喝，熱鬧不已。沿著宰圖納大道 (R.Jama ez Zitouna) 往下走，道路的盡頭就是宰圖納大清真寺，也被稱為橄欖清真寺，因為宰圖納在阿拉伯語中是橄欖的意思。我問過當地導遊宰圖納大清真寺名字的由來，導遊說，當時穆斯林來到此處要蓋清真寺時，發現這裡有一棵橄欖樹，於是清真寺蓋好後便以橄欖為名，成

熱鬧的突尼斯老城

為宰圖納大清真寺。

興建於六九八年的宰圖納大清真寺歷史悠久，屬於馬格里布式的清真寺。這種清真寺的特色在於他的喚拜樓，馬格里布式是方柱型喚拜樓，原本是羅馬的瞭望臺建築，隨著伊斯蘭的入侵而逐漸成為北非地區喚拜樓的建築特色。另外，在宰圖納大清真寺裡，你也可以看到早期伊斯蘭建築的特色：房間內部會有非常多的圓拱和柱子的搭配，當初穆斯林蓋房子的技術還不是很純熟，於是他們縮短柱子和柱子中間的距離，藉此支撐屋頂，以防清真寺倒塌。

宰圖納大清真寺的喚拜樓

宰圖納大清真寺

辛圖納大清真寺除了宗教用途外，也附設大學培育「烏里瑪」(Ulama，學者)，是伊斯蘭世界中古老且知名的大學之一。一千多年以來，許多烏里瑪從這裡畢業，成為穩定伊斯蘭世界秩序的重要力量。直到十九世紀，突尼西亞被法國入侵，突尼西亞人開始走向現代化、西化，於是他們興建了薩迪基學院(Sadiki College)，這所西式學院培養出許多參與突尼西亞獨立運動的青年。在當時，兩所學校彷彿是傳統與現代的拉扯，展現了突尼西亞面對劇變的困惑與掙扎。

離辛圖納大清真寺不遠處，則是尤瑟夫清真寺(Youssef Dey Mosque)，這座清真寺由當時突尼斯的「迪伊」[2]——尤瑟夫迪伊(Yusuf Dey, 1560–1637)建造於十七世紀，是突尼西亞第一座鄂圖曼式的清真寺，特色是其八角形狀的喚拜樓。此外，緊鄰在尤瑟夫清真寺旁，有一座號稱為最古老的現代化醫院——阿齊扎醫院(Aziza Othmana Hospital)，該醫院是鄂圖曼土耳其時代的阿齊扎女士用來提升醫療品質的大眾醫院，也是值得您來欣賞的建築物。

2 Dey，鄂圖曼帝國省長職稱。

尤瑟夫清真寺的八角形喚拜樓

尤瑟夫清真寺八角形喚拜樓（近照）

## 如果走進巷子裡

觀光客通常都會走宰圖納大道，這是一條不容易迷路的路徑，路的盡頭就是宰圖納大清真寺，加上兩旁熱鬧的商店，觀光客能輕鬆地遊玩。但有些時候，我會來到只有當地人的早市，和他們一起喝碗熱呼呼湯。當地有種非常著名的辣湯"Lablabi"，用哈里薩辣醬(Harissa)、鷹嘴豆、雞蛋、洋蔥、橄欖、胡椒等各式各樣的食材熬煮，然後再將法國麵包撕開，一小塊一小塊的丟進湯裡一起吃。

突尼西亞的冬天非常冷，有時候只有四、五

Lablabi

度，早餐來碗熱湯，補充熱量後再去上班，是再日常不過了。而且突尼西亞政府有補助糧食，一條法國麵包大概只需要十塊錢臺幣，大概是突尼西亞政府認為，只要吃飽了，人民就不會發動革命了。

## 為行人留下一道陰影

夏天走在突尼西亞，動輒四十幾度的高溫聽起來很嚇人，但突尼斯老城卻比其他地方都涼爽很多。突尼斯老城有句話是這樣說的：「永遠要為行人留下一道陰影。」在蓋房子時，阿拉伯人很關心建築的高度，他們會將街道兩側的建築蓋

覆蓋街道的陰影

高，讓陰影覆蓋整個街道，使行人可以避開烈日，舒服地走動。除此之外，整座突尼斯老城的設計彷彿一座大型空調，八個城門作為進風口，當城裡的熱氣往上升時，冷空氣會從城門灌進城內，形成空氣循環。知道了這些原因，當你在炎炎夏日來到突尼斯老城，也就不會意外城裡的涼爽了。

阿拉伯人也沒有忘記雨天，突尼斯老城中大部分的建築矗立在街道兩側，但有些地方會將兩側的建築連接起來，形成像是隧道的通道，方便行人在此躲雨。另外，老城中家家戶戶的門旁邊，都有一個掛鉤，平常大家將家裡垃圾掛在鉤子上，方便清潔隊收拾，在齋戒月[3]的時候，許多有錢

3 伊斯蘭曆九月是齋戒月，根據《古蘭經》記載，穆

突尼斯老城的街景

突尼斯老城的街景

人會將家裡用不到的物品掛在鉤子上，讓需要的人拿取，實踐伊斯蘭教的分享精神。

## 你要到那一區？

突尼斯老城裡有大大小小的「區」，每個區都有各自的主題，當你來到婚嫁區時，你會看到媽媽牽著要出嫁的女兒，仔細的挑選金飾、喜糖等各種結婚需要用的東西。想要找水壺，往打鐵區去吧，家裡的茶壺、銅盤都是工匠在這裡一槌一槌敲打出來的。政府所在地則叫“kasbah”，意

斯林在為期一個月的齋戒月中，從日出到日落期間禁止飲水、進食，克制一切邪念與私慾，入夜之後才能飲食及聯絡親朋好友。

在銅盤上敲出細緻花紋的工匠

思是具有防衛功能的城堡區，在茉莉花革命時，突尼西亞人常常以這裡為出發點，集結抗議人潮，一路往哈比卜·布爾吉巴大道前進。

在附近，有個突尼斯市立博物館 (Musée de la ville de Tunis)，其前身是鄂圖曼官員海爾丁 (Hayreddin Pasha, 1820–1890) 的行館海爾丁宮 (Kheireddine Palace)，裡面展覽了許多突尼西亞新銳藝術家的作品。突尼西亞的藝術家在星期六下午通常都非常忙碌，他們會聚在一起喝咖啡、聊天、前往沙龍向旁人介紹自己的作品，這些聚會通常會在突尼斯市立博物館附近舉行。或者藝術家們會利用以前突尼斯麥地那警察管理局的建築來做藝文沙龍，由於曾經受到法國殖民，再加上

老城區裡的 “kasbah”

國父哈比卜·布爾吉巴沒有放棄法語的使用，使得年輕一輩可以使用法文輕易地接觸世界藝術，所以突尼西亞的藝術總帶著法式的風格，卻也深含著非洲文化的底蘊。

到了星期天，是所有店家的休息日，千萬不要挑這一天前來，你會發現所有店門都緊緊關上，大家都去享受舒適的假日啦！

# 巴杜博物館
# The Bardo National Museum

## 全世界最大的馬賽克博物館

二〇一〇年，我第一次拜訪巴杜博物館，那時候的我對於巴杜博物館一無所知，而巴杜博物館的館藏又太豐富，最後我只記得看到許多小小的碎石頭（現在我知道它們是馬賽克）。回到臺灣後，我下定決心要弄清楚這座博物館到底在展些什麼，只是臺灣有關突尼西亞的旅遊書籍真的很少，書籍中討論巴杜博物館的就更少了，前前後後我大概花了快兩年的時間蒐集、閱讀資料，才慢慢地開始理解這座博物館。

## 它曾經是座宮殿

巴杜博物館的前身為鄂圖曼帝國統治時期當地帕夏[1]的宮殿，在鄂圖曼時期，巴杜可以說是「城中之城」，擁有自己的喚拜樓、宮殿及浴場，這座小城完全是給帕夏使用的。到了帝國統治末期，突尼西亞人開始引進西式教育，在一八四〇年起將部分宮殿改建成巴杜軍事學校（École militaire du Bardo），但依舊沒有挽回國家的頹勢。一八八一年法國與胡笙王朝在巴杜皇宮簽下了《巴杜條約》，放棄突尼西亞的主權，成為法國的保護國。

在法國殖民時期，法殖民政府為了保存突尼西亞當地豐富的文物，將巴杜皇宮改成博物館，並於一八八八年開幕（最初被稱為"Alaoui Museum"），因為馬賽克的製作是在一大片底板上以石塊進行拼貼，這樣的特性有利於考古學家整塊挖掘，法國的考古團隊便將大量在突尼西亞被挖掘

1 Paşa為鄂圖曼帝國高階官員的稱呼，一般指總督、將軍、首長等職位，突尼西亞當時的統治者為胡笙王朝，臣屬於鄂圖曼帝國。

華麗精緻的帕夏宮殿

細緻的宮殿裝潢

出的馬賽克搬進巴杜博物館中保存，其中以羅馬時期的數量居多，對後代人來說，巴杜博物館就如同羅馬時期的老照片館一般，告訴我們羅馬人是如何生活的。

## 它現在是座博物館

巴杜博物館將展區分為迦太基時期、羅馬時期、拜占庭帝國時期、伊斯蘭時期、鄂圖曼帝國時期等。因為館藏數量過於龐大，在二〇一四年時興建了「新館」，用於容納及展示更多展品。踏進巴杜博物館，右前方是一幅高約兩層樓半的巨大馬賽克「海神的出巡」(Poseidon's Triumph and the Nereids)，這幅馬賽克是全巴杜博物館當中最大幅的單一馬賽克，故巴杜博物館把它放在門口，展現世界最大的馬賽克博物館的氣勢。畫面中央是高舉三叉戟、氣勢非凡的波賽頓，祂的四周圍繞著海洋女神們 (Nereids) 以及各式各樣的海中怪獸。

左前方則是突尼西亞「全國對話四方對話」(Quartet du dialogue national) 於二〇一五年獲得的

「海神的出巡」

諾貝爾和平獎[2]，對於阿拉伯之春的發動國家，許多研究者還是認為伊斯蘭世界是無法走向民主化的道路，筆者認為諾貝爾委員會頒發此獎的用意乃是鼓勵突尼西亞追求民主、自由的普世價值，並肯定四方對話協助突尼西亞避免進入如同利比亞的狀況。諾貝爾和平獎旁陳列著紀念巴杜博物館二〇一五年恐攻遇難者們的馬賽克紀念碑，恐怖分子攻擊巴杜博物館後共造成二十一人死亡，在紀念碑前，筆者感受到和平的重要性。

2 突尼西亞全國對話四方對話於二〇一一年茉莉花革命之後由突尼西亞的四個公民團體組成，希望能介入並調和不同政治勢力、宗教信仰彼此間的衝突，二〇一五年的諾貝爾和平獎基於「在二〇一一年的茉莉花革命之後，對於突尼西亞的多元民主有決定性的貢獻」，將獎項頒給全國對話四方對話。

全國對話四方對話獲得的諾貝爾和平獎

由於突尼西亞是羅馬在北非的第一個行省——阿非利加省，造成羅馬化的歷史十分深厚，突尼西亞馬賽克繁多，一般人覺得馬賽克這種歷經千年的古蹟，館方本應好好的收藏，展出時也需小心翼翼，但巴杜博物館偏不！館方將作品主題完整且稀少的一級馬賽克掛在牆上，常見或僅裝飾的三級馬賽克鋪在地上，遊客可以走在馬賽克上面，體會一下千年前羅馬人的室內裝潢，雖然還是要穿上博物館提供的鞋套保護馬賽克，但對於旅者來說已是非常奢侈的體驗。

進入巴杜博物館的走廊彷彿進入時光隧道，拱形的隧道中鋪滿馬賽克，在隧道的中間有一幅馬賽克「兩名格鬥選手」(Two fighting athletes)，內容是

鋪滿馬賽克的拱形隧道

描述兩位在進行拳擊賽的選手，站著的選手雙手出拳，而蹲坐著的選手頭上已冒出血來，即是那條從頭上延伸而出的紅線，這幅作品生動的描繪出當時羅馬時期運動場上進行的比賽，連選手們的肌肉線條都十分流暢，可見當時突尼西亞馬賽克藝術高超的功力，就讓筆者帶領大家一一來探索這座羅馬時代的老照片館吧！

## 羅馬時期館

巴杜博物館編號一號的馬賽克，描繪的是羅馬時代鼎鼎大名的歷史學家——維吉爾（Virgil, 70BC–19BC）。維吉爾是非常重要的歷史學家和文

「兩名格鬥選手」

學家，在但丁(Dante Alighieri, 1265–1321)的《神曲》中，就是由維吉爾作為導遊帶領但丁遊遍地獄。維吉爾手上拿著一本書，上面寫著《埃涅阿斯記》(*Aeneid*)，左右後方站著兩位繆思(Muses)，手上拿著羊皮紙的是掌管歷史的繆思克利俄(Clio)，懷中抱著哭泣面具的則是掌管悲劇的繆思墨爾波墨涅(Melpomene)。這張馬賽克是巴杜博物館中最美的馬賽克，原因是畫中每片馬賽克幾乎同等大小，基於歷史、工法等兩個原因，「詩人與繆思」被列為巴杜博物館的鎮館之寶。

羅馬時期館在巴杜博物館二樓的杜加展廳，「四季」(Poseidon's Triumph and the four Seasons)是您絕對不容錯過的馬賽克，馬賽克中央是海神

鎮館之寶「詩人與繆思」

「四季」與春季（右下）、冬季女神（左下）

波賽頓，祂騎著四輪戰馬在海上航行，而在馬賽克的四個角落，分別站著春、夏、秋、冬四個女神。在馬賽克的四周以春夏秋冬作為裝飾，這是羅馬時期馬賽克常見的表現方式，但因羅馬帝國幅員遼闊，故表現的方式有些不同，對於突尼西亞來說，春天是百花盛開的季節，馬賽克中的春季女神身披薄紗，上面裝飾許多玫瑰花瓣；炎熱的夏季中，夏季女神一絲不掛，身旁的麥田欣欣向榮，十分符合地中海地區夏乾冬雨的情況；到了秋天，是葡萄採收的季節，秋季女神四周的葡萄藤上掛滿葡萄；等到萬物蕭條的冬季，人們以狩獵維生，冬季女神穿著厚厚的保暖服飾，肩上的釣竿掛著兩隻野鴨。「四季」的馬賽克做的十分精緻，近看時是一片一片的石子，但當你將距離拉開時，你會發現四位女神擁有各自的情感，春季女神似乎在微笑，而冬季女神則是一臉哀愁。

在「四季」的馬賽克展廳內，地下有一幅巨大的馬賽克，上面畫滿了雞、魚、燕子等各式各樣的動物，這是羅馬時期的「菜單」。當時的羅馬有錢人不只比房子大，更要比誰見多識廣，他們會在客廳的地板鑲嵌上各種食物的馬賽克，藉此向客人炫耀自己品嚐過的珍稀。在展間的牆面上，則掛著「舉水人」的馬賽克，舉水人可以說是羅馬時期的調酒師，當羅馬人宴客時，舉水人會穿梭於會場之中，滿足客人飲酒的需求。

「菜單」與「舉水人」

巴杜博物館的宴會廳是巴杜博物館中最美的一間房間，原本是帕夏的宴會廳，內有「Albinus的家」(Seignor Julius mosaic)。最上方中央坐著一位搧扇子的婦女，下方右側有一位抱著鴨子的佃農，正在將新年度合約的卷軸遞給坐著的貴族，畫面的左側則是戴著珍珠項鍊，審視自己珠寶盒的貴族夫人。在畫面中房子後方，有四個像是煙囪的建築正在冒煙，團員們通常會覺得這裡是廚房，但正確答案應該是私宅內的浴場。當時住在非洲的羅馬富人會在自己家蓋小型浴場，就不需要到公共浴場去人擠人，在這張馬賽克中，可以一窺當時有錢人家的生活場景。之前觀看遺跡時，我們只能看到千年後留下的地基，但在馬賽克畫

「Albinus 的家」

裡，則完整地保存了當時羅馬人家的樣貌。還有在馬賽克中，可以看到大戶的羅馬人家會在自己的房子外面蓋圍牆，圍牆上修建防禦的城垛，甚至還有瞭望臺。另一幅競技場的馬賽克（Chariot race in a circus），這張馬賽克的表現手法像卡通一樣，畫面中戰士騎著四輪戰馬，旁邊有很多的觀眾，這些觀眾只拼貼出頭部，一個接著一個，呈現萬頭攢動的場面，十分的有趣。可以看到，當時突尼西亞馬賽克的風格有許多種，其中一種就如同我們現在卡通繪畫方式。

杜加展廳的另個房間有一幅「尤里西斯的航海圖」（Ulysses and the Sirens），在《奧德賽》裡，結束特洛伊戰爭的尤里西斯在返家的途中，經過一片海妖（Siren）盤據的海域，海妖們十分漂亮，有女人的身體及鳥類的下半身，她們擁有動人的歌聲，據說聽到海妖歌唱的水手都會喪失心智，造成船隻觸礁沉沒，這片海域就是沉船之地。尤里西斯十分好奇海妖的歌聲，於是他命令水手將他緊緊地綁在桅杆上，剩下的人用蜜蠟將耳朵死死的封住，避免聽到海妖的歌聲。在畫面中，你能看到尤里西斯的眼神緊緊地盯著海妖看，因為他聽得到海妖的歌聲，而其他水手則專心看著隔壁船隻上的大龍蝦。筆者認為人生不就是這樣嗎？未知的道路上有著危險和風險，但要不要走向那條路，則是每個人的抉擇。

「尤里西斯的航海圖」（局部）

在「尤里西斯航海圖」的左邊有另外一幅重要的壁畫——「酒神戴奧尼修斯」(Neptune et les pirates)，在壁畫中，戴奧尼修斯是一位穿著美麗衣服的小男孩，在海邊散步時遇到一群海盜，海盜將戴奧尼修斯抓到船上，打算賣掉他。旁邊有個小男孩說：「這小孩不像人，他應該是神，你最好放了他。」但海盜頭子（就是那位光頭啤酒肚的先生）拒絕，並說：「怎麼可能就這樣放走他？」於是戴奧尼修斯從手中變出藤蔓，掙脫了束縛，接著變出一隻獵豹，開始攻擊海盜。海盜們倉皇逃生，從船上跳進海中，沒想到當海盜們碰到海水的那一刻，身體產生了奇妙的變化，接觸到海水的身體變成了海豚，尚未入水的身體仍

「酒神戴奧尼修斯」

然維持人的樣貌！在馬賽克中，生動的展現了人變成海豚的經過，十分有趣。

孔雀的馬賽克則與希臘神話中宙斯的風流韻事有關。宙斯背著老婆希拉與伊俄(Io)交往，得到消息的希拉非常生氣，她將伊俄變成一頭牛後交給百眼巨人阿爾戈斯(Argus Panoptes)看守，阿爾戈斯有一百隻眼睛，可以輪流盯著伊俄防止她逃跑（就算他閉起兩隻眼睛睡覺，還有九十八隻眼睛睜著）。為了將伊俄救出，宙斯派出荷米斯殺死阿爾戈斯，而希拉為了獎勵阿爾戈斯的忠誠，將阿爾戈斯的眼睛收集起來，安置在孔雀的尾羽上，這就是孔雀尾巴上花紋的由來。

二樓的走廊上有幅關於競技場的馬賽克，中間是角鬥士拿著長矛與獅子鬥爭的場景，旁邊則把畫面分割成三層，分別是鴕鳥、豹和獅子。在羅馬時期，最精彩的格鬥表演都安排在下午三、四點左右，早上會有人在城市中大聲吆喝，宣傳今天的格鬥表演。位在馬賽克最上方的觀眾，其實就是最尊貴的客人坐在包廂中，期待著競技活動的演出。走廊上還有一幅「迷宮」的馬賽克，迷宮的正中央是牛頭人身的怪物米諾陶洛斯(Minotaur)，米諾陶洛斯住在巨大的地下迷宮中，以犯人和童男童女（這些童男童女由雅典人負責進貢）為食，最後被希臘英雄忒修斯(Theseus)殺死。

巴杜博物館的三樓有著館內最有趣的馬賽克——「詐賭」。桌子的中央坐著發牌手，旁邊坐著兩個賭徒，發牌手在桌子底下偷偷的用腳踢其中一位賭徒，暗示他接下來的牌可不可以show hand。「詐賭」的隔壁則是「狩獵女神黛安娜」(Diana)[3]的馬賽克，在這張馬賽克中，黛安娜英姿颯爽拉開弓箭射向山羊。黛安娜在希臘神話中是非常重要的女神，該幅馬賽克使用玻璃的素材，也是巴杜博物館內很少見的製作方式。

3 相當於希臘神話中的阿提密斯(Artemis)，為月亮和狩獵女神，是太陽神阿波羅(Apollo)的學生姊妹。

「迷宮」

「詐賭」（上）、「狩獵女神黛安娜」（下）

## 迦太基館

迦太基館有著腓尼基人製作紫色染料的介紹，訴說著迦太基人如何從黎巴嫩來到北非的迦太基。館內最重要的展品就是迦太基祭司獻祭嬰兒的石碑上，刻著戴帽子的男性，左手抱著一個小朋友，考古學家認為這是迦太基「殺嬰獻祭」傳統的重要證據。另外迦太基信仰中代表太陽的主神「巴爾．哈蒙」的雕像，呈現中年男性的形象，並非抽象地使用太陽的造型，另外代表月亮的女神「坦尼特」的雕像。此外，也有當時神廟用於祭祀的容器，雕像的頭上設有圓柱，方便祭

巴爾．哈蒙雕像（左）、迦太基祭司獻祭嬰兒（右）

司們將薰香料投入後燃燒，使室內充滿芬芳的氣味。迦太基還會信仰有力量的動物，展間內有蛇的雕像、獅子頭的神明雕像都可證明該論點。展間內還展示恐怖的面具，迦太基人會將恐怖的面具置於墓穴內，藉此保護墓穴不受邪靈的侵擾，該面具即是從安東尼浴場當中被挖掘出來。此外，我們還可以看到一些迦太基人的生活用品，如：刮鬍刀之類的；還有幾根希臘柱，代表迦太基早期與希臘有貿易往來。

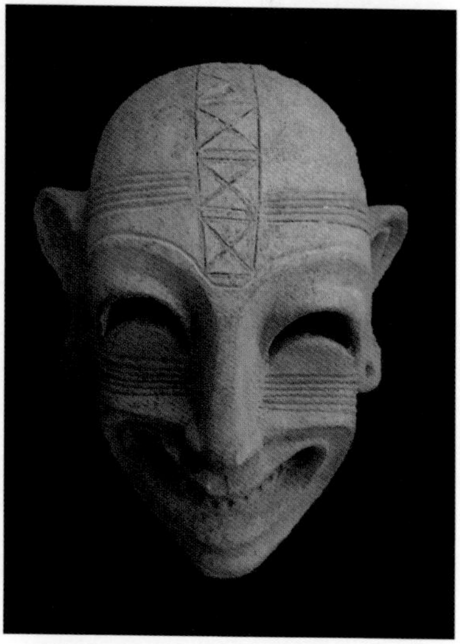

恐怖面具

獅子頭的神明雕像

## 努米底亞館

一進入努米底亞館即可看到「七個男子與一個女子」的石雕，男性和女性的差別僅在於有沒有鬍子。筆者第一次看到石柱時非常好奇，想要仔細讀解說牌，沒想到解說牌上只簡單寫著「七個男子與一個女子」，在石柱上的七男一女全都是努米底亞人，最重要的是努米底亞人身上穿的全是羅馬衣服，見證著羅馬在北非同化的成功。由於努米底亞人是北非的原住民，在西元前一四六年迦太基滅亡後，隨著羅馬日益分化其在北非的勢力，最終在朱古達戰爭(Jugurthine War, 111BC–105BC)後被羅馬

「七個男子與一個女子」

人統治，影響努米底亞人逐漸羅馬化。

努米底亞館內有許多墓葬的石碑，有趣的是，在羅馬人來之前，墓碑上有著大量坦尼特女神的符號，見證著迦太基文化曾經是北非的主流文化，另外，努米底亞館內有著利比亞布匿克紀念碑的底座，更說明著在北非羅馬化之前，曾經存在著北非的迦太基化的歷史。

努米底亞館其實是帕夏的後宮(Harem)，大廳內運用大量軟石膏當作裝飾，共計有四個房間。大廳的地板上有一幅巨大的馬賽克，分成兩層，第一層裡有七個小圈圈，代表著羅馬時期的星期一、二、三、四、五、六、日；第二層則畫滿了十二星座，非常有趣。這些文物皆反映出努米底

「星座與一周」

亞文化受到羅馬文化深刻的影響。

## 拜占庭帝國時期

「廁所中的女主人」(Matron in her toilet) 是拜占庭館非常有趣的馬賽克，女主人的身旁站著兩名女奴，一位手中拿著鏡子，雖然女主人的臉部馬賽克已剝落，但在女奴手中的鏡子仍清楚倒映出女主人的臉龐。三人四周散落各種生活用品，可以想見當時女奴正在幫女主人梳妝打扮，換上她最喜歡的衣服，而女主人正對著鏡子仔細端詳自己的裝扮，十分的寫實。

「巴杜之珠」是基督教受洗池，受洗池來自於

「廁所中的女主人」

突尼西亞東北方的邦角半島，是希臘十字造型，邊框裝飾是早期的基督教洗禮字體，多彩的內部裝飾有：鴿子攜帶橄欖枝、牛奶和蜂蜜、十字架、基督的象徵——魚。有些研究者還注意到受洗池上蜜蜂、諾亞方舟、聖杯和天竺葵。因此研究者認為裝飾都是象徵性的：信仰者洗禮的渴望以鴿子的形式表現出來，帶有橄欖枝的鴿子宣告了信徒的安寧，諾亞方舟證明了教會的團結與持久，杯子宣布聖餐，蠟燭象徵信仰和基督。魚象徵著靈魂，樹木喚起了天堂花園。該受洗池見證著羅馬天主教與多納圖斯教派在北非的歷史。

「亞當與夏娃在伊甸園」(Adam and Eve in the earthly paradise) 的泥板，描述亞當與夏娃因為聽從

「巴杜之珠」

蛇的讒言，吃下蘋果的故事；另一個則是「亞伯拉罕獻以撒」(Abraham’s Sacrifice) 的泥板，畫面中有位老先生高舉著刀對準腳邊的小孩，兩人旁邊掛著兩隻羊，天空出現一隻手想要阻止亞伯拉罕，整個畫面瀰漫著一股緊張的氛圍。

在展廳中的墓誌銘上，旅者可以找到基督教的符號——一隻魚，在希臘語中“ΙΧΘΥΣ”指的是魚，但對基督徒來說，這五個字母剛好是“ΙΗΣΟΥΣ”（耶穌）、“ΧΡΙΣΤΟΣ”（基督）、“ΘΕΟΥ”（神的）、“ΥΙΟΣ”（兒子）以及“ΣΩΤΗΡ”（救世主）的字首，因此很多基督徒會在車上畫上耶穌魚。墓誌銘上的「凱樂符號」是由君士坦丁 (Constantine the Great, 274–337) 創立，

「亞伯拉罕獻以撒」

墓誌銘與上方的凱樂符號

他在夢中得到神的啟示，在旗幟上畫上凱樂符號並打贏了戰爭。

展廳中同時存放猶太教與基督教的物品，在傑爾巴島時我們提過猶太人在一三五年被逐出耶路撒冷後，一部分的猶太人輾轉來到北非，有些猶太人在突尼西亞住了下來。離散的猶太人們以宗教經典《摩西五經》作為信仰的核心，居住在一起、生活在一起；閱讀相同的經典，形成一群群的猶太社群，展廳中放著一本《猶太聖經》的卷軸，見證著猶太人在北非的歷史。

拜占庭時期館也有但以理(Daniel)的故事，《舊約》〈但以理書〉中寫道：西元前五八六年猶大王國被新巴比倫國王尼布甲尼撒二世(Nebuchadnezzar II, 634BC–562BC)所滅，尼布甲尼撒二世將猶太人帶回巴比倫。但以理在皇宮裡任職，因為十分會解夢，深受國王的重用。當時的宰相忌妒但以理的地位，因此向國王進讒言，建議國王規定百姓只能崇拜國王，不能再信仰別的神明。而但以理身為虔誠的猶太教信徒，就被國王丟進獅子洞中懲處，沒想到上帝顯靈，獅子們全都無法張開嘴巴，但以理從獅子洞中毫髮無傷的離開。由此可知北非的基督教並非僅重視《新約聖經》，拜占庭時代《新約聖經》、《舊約聖經》都是基督徒非常重要的經典。

## 阿拉伯館

在阿拉伯館中，有大量的陶器，上面畫滿了精緻的植物。這是因為伊斯蘭教不准崇拜偶像，因此他們的藝術作品、日常生活器具的裝飾繪畫皆以幾何圖案與花草樹木為主。例如展間裡的「生命之瓶」，瓶身上的花草盛開，象徵伊斯蘭的天堂。另外一個有趣的展品，則是伊斯蘭時期使用的羅盤。說到對穆斯林的印象，很多人會覺得他們是騎著駱駝遊走於沙漠中的陸上民族，但實際上從八、九世紀開始，整個印度洋都是穆斯林的地盤，他們十分擅長航海與貿易。在這裡，你可

陶瓶

「生命之瓶」

以看到羅盤裡面有許多不同類型的銅片，水手可以依照時間、當時的情況來更換銅片使用。該羅盤代表著阿拉伯人卓越的航海技術，提醒我們阿拉伯人是控制海上絲路的民族，若是沒有阿拉伯商人帶路，歐洲人恐怕無法找到前往東方的航線。所以，我常常跟旅者說阿拉伯人是控制路上絲路和海上絲路的民族。巴杜博物館有著非常豐富的歷史與文化，它的館藏在北非僅次埃及考古學博物館 (Egyptian Museum)，來到這裡就像回到過去，重新體會各式文明存在於突尼西亞的時光。

突尼西亞的旅行通常就在走完巴杜博物館後結束，走一趟巴杜博物館似乎有種整理完整個突尼西亞歷史的感受。筆者個人覺得突尼西亞是西

阿拉伯羅盤

北非最重視教育、最適合文化深度之旅的國家，對於旅行者而言更是進入到西北非歷史文化的重要國家。希望您在閱讀完本書後，能對於突尼西亞的各個區域與顏色有這更深層的理解，也期待這本書能讓臺灣的讀者更加理解西北非的歷史與文化。

# 圖片出處

| 圖片所在頁數 | 圖片來源 |
|---|---|
| 3、5、7、9、10、11、13、18、20–21、23、25（上）、25（左下）、27、30、32、36–37、39、41（下）、45、47、49、53、55、58、59、60、61、62–63、74、75、76、77（上）、83、85、86–87、90、92、95、99、101、103、104、105、106、108–109、111、114、116–117、119、121、123、124–125、128、129、130、131、134、135、137、141、143、145、146、147、148–149、150–151、155、157（上）、158、169、172、173（上）、174、176、177、179、182、191、192–193、196、198、199、200、202–203、206、207、210、211、215、216、217、219、223、224、225、229、231、233、234、235、237（下）、241、242–243、245、247、248、249、250、251、252、287 | Shutterstock |
| 16、19、28、29、31、34、65、66、69、70–71、73、77（下）、79、81、88、97、113、115、133、138、139、153、157（下）、160、161、162、163、164、170、171、175、180、184、185、188、194–195、197、205、208–209、212、213、214、237（上）、238–239、240、246、255、257、258–259、261、265、266、269、271（下）、278、279、281、282、284、286 | Dreamstime |
| 271（上）、276（左，CC 4.0，Alexander VanLoon）、276（右，CC 3.0，Pascal Radigue）、277 | Wikimedia Commons |
| 25（右下）、41（左上、右上）、43、52、80、102、122、165、166、167、173（下）、186、187、262、263、264、268、272、274、275、280、283、288 | 作者提供 |

## ◎帶這本書去聖地

吳駿聲／著

摩西從哪裡出埃及？著名「大衛像」的真人事蹟？
耶穌在哪裡受洗、於何處受難？發出五千人便當的傳說？
名畫「拾穗」典故是來自《聖經》？「最後的晚餐」場景何在？
承載三千年淚水的哭牆、猶如桃花源的世界奇蹟……

想去神祕又令人嚮往的中東，無奈網路上查的旅遊資訊千篇一律？別擔心，過來人親自把最精華的內容報給你知。

## ◎帶這本書去埃及

張榜奎／著

真實的埃及，卻是除了神祕與奇幻外，還有非常迷人與悠閒的一面，到處都充滿了驚奇與喜悅。走吧！讓資深領隊帶您一探究竟。跳脫坊間傳統的旅遊書籍，擺脫名片式景點介紹，把埃及的歷史、文化、美景與閒散，搭配百張不容錯過的獨家影像，結合在每日旅遊行程中。無論是埃及國家博物館鎮店之寶的來歷，或是阿布辛貝氣勢非凡的拉姆西斯二世神殿的過去和現在。還有在尼羅河遊輪上一面端著咖啡，品嚐甜點，一面觀賞落霞與孤鶩齊飛的浪漫場景，都是您不曾預期的美麗風景。

## ◎情繫西班牙

楊翠屏／著

榮獲「2018年僑聯海外華文著述獎學術論著」社會人文科學類佳作。旅居歐洲四十餘年的臺灣女作家楊翠屏，藉由感性的筆觸，與實地拍攝的照片，介紹西班牙各個城市的故事、多元的文化、藝術與歷史。使讀者再次造訪時，將不會只是走馬看花，或只留下初次印象，而是享受深層的體驗，以及被故事包圍的幸福旅程。

## ◎義大利人的甜蜜生活

丁瀅瀅 Angelo Mario Cavallo／著

提起義大利，人們總會不約而同想到水城威尼斯、徐志摩筆下的翡冷翠（佛羅倫斯）、古老的羅馬競技場、米蘭時裝週、義大利足球、美味的披薩和義大利麵，以及富有創意的義大利人……。

本書從眾多角度出發，帶領讀者走進真正的義大利，並客觀地了解義大利人民。迄今一百五十多年短暫的統一歷史，使今日的義大利各大區乃至各個城市，都保留著各自的風格，同時也影響了人們的思維方式、處事方法，以及對生活的態度。筆者很榮幸的接觸過並結識了許多義大利人，在本書中我將和大家一同分享義大利人的生活故事，走進義大利美食文化，了解義大利人的愛情觀，一睹義大利人的奇特愛好及各地習俗；一同領略地中海清新的海風，並進一步接觸義大利民族和文化。

國家圖書館出版品預行編目資料

怎麼就到了突尼西亞：發現10337公里外的奇幻國度
／徐峰堯著.——初版一刷.——臺北市：三民，2020
面；　公分.——（生活・歷史）

ISBN 978-957-14-6978-2（平裝）
1. 人文地理 2. 突尼西亞

767.485　　109016062

生活・歷史

# 怎麼就到了突尼西亞——發現 10337 公里外的奇幻國度

作　　者｜徐峰堯
責任編輯｜翁子閔
美術編輯｜陳祖馨

發 行 人｜劉振強
出 版 者｜三民書局股份有限公司
地　　址｜臺北市復興北路 386 號 ( 復北門市 )
臺北市重慶南路一段 61 號 ( 重南門市 )
電　　話｜(02)25006600
網　　址｜三民網路書店 https://www.sanmin.com.tw

出版日期｜初版一刷 2020 年 11 月
書籍編號｜S760060
I S B N｜978-957-14-6978-2



三民書局